教育名著丛书

德加谟审美教育八讲

如何发现美、欣赏美、创造美

[美] 查尔斯·德加谟◎著　　　　王彦鹏◎译

民主与建设出版社

·北京·

图书在版编目（CIP）数据

德加谟审美教育八讲 / (美) 查尔斯·德加谟著；
王彦鹏译 . -- 北京 : 民主与建设出版社，2023.2
ISBN 978-7-5139-3995-9

Ⅰ . ①德… Ⅱ . ①查… ②王… Ⅲ . ①审美教育
Ⅳ . ① G40-014

中国版本图书馆 CIP 数据核字（2022）第 189429 号

德加谟审美教育八讲
DEJIAMO SHENMEI JIAOYU BAJIANG

著　　者	［美］查尔斯·德加谟
译　　者	王彦鹏
责任编辑	王　倩
封面设计	李爱雪
出版发行	民主与建设出版社有限责任公司
电　　话	（010）59417747　59419778
社　　址	北京市海淀区西三环中路 10 号望海楼 E 座 7 层
邮　　编	100142
印　　刷	保定市西城胶印有限公司
版　　次	2023 年 2 月第 1 版
印　　次	2023 年 2 月第 1 次印刷
开　　本	880 毫米 ×1230 毫米　1/32
印　　张	5.5
字　　数	93 千字
书　　号	ISBN 978-7-5139-3995-9
定　　价	42.80 元

注：如有印、装质量问题，请与出版社联系。

出版说明

　　教育是全人类共同的、永恒的事业。教育的理念不是固定的、单一的，而是发展的、多样的。教育作为一门塑造人的学科，其科学性、人文性是不容忽视的。教育的成功关系着整个人类命运、国家前途、社会发展和个人的幸福，其重要性也就不言而喻。

　　教育的理念并不是狭义的，教育的地点和实践者也不仅限于学校和教师，而是需要国家、社会、家庭三方面的努力，这在当今时代已经是一个共识。要办好教育，不能仅凭空想，要集结古今中外的智慧。不同的时代、不同的地域或者是不同的社会制度，其教育理念有着不同的闪光点。对待不同的教育理论，要有"取其精华，去其糟粕"的态度。要发展我国的教育事业，不仅要立足自身的国情和教育发展现状，还要对各个国家的教育经验进行分析和相应的借鉴。为了能给广大教育工作者和对教育理论感兴趣的读者提供研究教育理论的参考资料，我们决定出版一套有代表性的经典教育名著丛书。

这套经典教育名著丛书选取了约翰·杜威、斯宾塞、赫尔巴特等著名教育家、心理学家以及哲学家的代表作，都是对原著的整本翻译，没有删减，以保证原著思想的完整性。

本套丛书的经典性和其中包含的教育智慧是毋庸置疑的，但是由于作者所处的时代和阶级等的局限性，仍不可避免地存在一些不符合当今时代或者我国国情的观点，这就需要读者用批判的眼光去看待。

由于我们本身水平有限，本套丛书相应地会存在一些不足，敬请读者批评指正，以便我们对工作进行改进。

查尔斯·德加谟（1849—1934）是美国的教育家、教育理论家。他受德国赫尔巴特学派教育理念的影响极深，曾撰写一百多篇有关教育理论和实践的论文，在教育实践和教育思想方面产生了重要影响。为纪念德加谟为教育事业做出的重要贡献，1975年成立的德加谟演讲奖特以查尔斯·德加谟的名字命名，该奖项是由美国教育界的杰出人物提供关于教育需要特别关注的问题或议题，从而推动教育事业发展的奖项。

查尔斯·德加谟是美国最早认识到和理解当时美国社会审美问题的人之一，也是最早提出在美国课堂上处理这些问题的教育策略的人之一，因此，为改变这种状况，他完成了《德加谟审美教育八讲》。本书是一部被学者们认为对审美教育非常重要的作品，是教育事业知识库的一部分。

　　审美教育作为教育中重要的一环，很多人有所了解，但是理论知识和实践均有所不足。《德加谟审美教育八讲》从为何要培养孩子对世界的审美观出发，阐述了培养孩子审美观的方法、审美观的范围、美的组成和审美特征等多个方面，并引用了颇多名人言论和作品对作者的观点进行佐证和解释。原著还大量引用诗歌，诗歌本身既遵循了美的形式原则，又揭示了美的思想内涵。

　　此外，为准确翻译出作者的原意，译者保留了作品原有的形式，便于读者理解与学习，相信会对关注孩子审美教育的家长和教师有所启发。

　　人们对美的看法多种多样。有人说精细是一种美，有人说粗糙是一种美；有人说温婉是一种美，亦有人说豪放是一种美。人们关注美，却多数未曾深入探寻美。纷杂世事，难免混乱迷惑。因此，需更多探寻美，领会美，践行美。行事时，言行相随；训教时，以身作则。

王彦鹏

2020年12月4日

前言

　　本书认为，孩子应该在学校就获得基本的审美观，其重要性不亚于培养孩子的认识观、道德观。当前的审美教育在某些方面存在问题：第一，审美教育只有专业人员参与；第二，审美教育仅涉及世界美好的一小部分；第三，当前的审美教育导致学生只能间接探索美，比如仅在图片或绘画中发现美，而非亲自从事物中探查美。

　　学生获得直接审美体验的首要条件是教师本人获得审美观。鉴于此，本书在阐释自然和艺术方面，对美的含义和表达进行直接的、非技术性的分析。本书还阐述了发现美的方式和途径，其中不仅涉及绘画和雕塑，还涉及自然、机械以及日常生活中的艺术。

　　学生获得直接的审美体验的第二个必要条件是教师还应该让学生领会到良好品位的真谛，引导学生随时发现美，区分美与现实的差距，不仅在绘画和音乐方面，还要在语言以及能增添生活乐趣的任何艺术方面，通过艺术创作培养和提高自己的欣赏能力。关于如何达到上述目的的建议贯穿全书，尤其是在结尾的章节。

本书仅讨论了审美教育的一般性问题，没有试图去指导音乐和绘画教师的教学，但希望他们可以通过这里呈现的内容对其工作进行改善和普及。

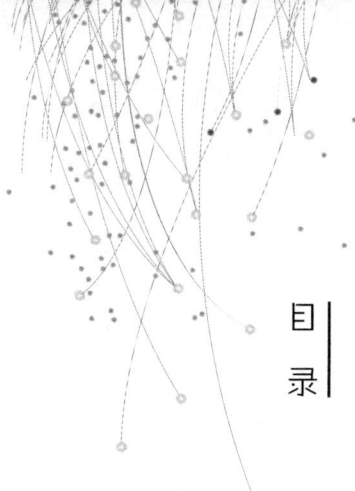

目
录

第一章
目的

审美教育简称"美育"，其目的是培养孩子对世界的审美观，这与培养智慧观和道德观同样重要。这并不意味着世界上所有的事物都是美丽的，而是所有事物都能够在美学上被区分为美好、平凡和丑陋。如同我们一直努力在智力层面上理解这个世界——自然环境和社会生活一样，我们也要练就近乎本能地去感知一件事物美丑的能力。拥有这样的能力有两方面益处：一方面，它让我们感知更多快乐的事物；另一方面，引导我们崇尚美善，摒弃丑恶。

尽管前人留下了许多有关艺术教育的专门著作，但对于一些重要的美育问题并没有给出回答。两百多年前，席勒[1]创作出《审美教育书简》，之后延续该主题的讨论却寥寥无几。席勒竟然以美学对政治教育的作用为理由来推广他的美育思想，这似乎很奇怪，美学怎么会与政治扯上关系？但如果明白欣赏美会对生活产生影响，那么诗人席勒的观点就不显得突兀了。他认为：艺术能调节感性和理性的关系，成为人类从兽性跨越到人性的桥梁。拿破仑战争时期，农民尚未成为国家自立、自主的成员，仍然为获得物质材料而疲于奔命。他们上升成为自由公民不可能仅通过立法就能实现，这需要一个渐进、漫长的过程。席勒认为，从奴役通往自由的道路必须跨越"愉悦的美丽国度"（能感知和审视美丽）。因此，人们必须接受审美教育。

但是，人们已经通过其他途径而不是审美的方式获得了公民自由，因此我们需要发现其他推行美育的理由，从而超越席勒的思想范畴。这些理由自然要从以下两个方面寻找——心理和社交。无须过多阐释，审美愉悦高于其他任何愉悦，它无关私欲或贪婪。美丽的事物会让人身心愉悦，但不会让人产

---

[1] 约翰·克里斯托夫·弗里德里希·冯·席勒（1759—1805），德国古典文学和古典美学最重要的代表人物之一。——译者注

生饥饿感，正如济慈①所说，"它是永恒的愉悦"。的确，人们经常会将美与其他动机混杂起来，比如，欣赏一幅美丽的图画时，会禁不住问这幅画的价格；看到一件美丽的衣服时，会希望拥有它。所有真正的审美欣赏应是对沉思的纯粹享受。美丽的事物代表着创造美时所迸发的情感，但不应激发人们占有、消费的欲念。康德说，事物的美丽在于它能通过外在形式让我们愉悦，而不是"激发我们的私欲"。

下面的诗可阐述对美的利己主义和非利己主义观点：

THE WILD ROSE

Had I not found this rose of wildwood grace,

Her life had else in solitude been spent,

Her fragrance wasted and her petals rent;

I'll pluck the rose, ere storms her glows efface.

But pause, rash egoist! dost thou dare hold

That blush and perfumed breath are meant for thee?

Nay, nay! they lure to her yon velvet bee;

---

① 约翰·济慈（1795—1821），十九世纪初期英国浪漫主义诗人。——译者注

She grants him sweets, he brings her grains of gold;

She smiles for him who brings her heart's desire,

Who sips the honied dew that upward wells,

And yet her flushing charms all tongues inspire

To praise the loveliness that in her dwells.

Though not for me her smile and fragrant breath,

Yet both I share, and would not be their death.

参考译文:

野玫瑰

如果我没有发现这株优雅的玫瑰,

她会在寂寞中逝去,

她的芬芳会散尽,她的花瓣会飘去;

她的枝体会受到暴风雨的侵袭,我想把她带回来。

但我没有这样做,我太自私了!

谁敢确信,

她的娇艳和芬芳只为你一人呢?

不!不!

是为了招引那远处的蜜蜂；

玫瑰为蜜蜂带来花蜜，蜜蜂为玫瑰带来果实；

他满足了她的期望，她报之以微笑，

她的甘露使吸吮者神清气爽，

她的风姿使目睹者精神焕发，

他们为她而赞美。

我也要分享她迷人的微笑和芬芳的气息，

但不会分享她的死亡。

因此，从心理学层面，审美教育的目的是推崇生命的纯粹、无私的愉悦，让人们随时发现和欣赏美，必要时要让本应存在美却没有美的地方产生美。

审美的社交功能体现在两个方面，一方面是精神和宗教，另一方面是经济。人们会通过一些途径获得社交共鸣感，例如，倾听雄壮、高亢的音乐，共同欣赏建筑、绘画、雕塑、戏剧或文学作品，或欣赏大自然之美。此外，多数人能通过一些方式在其宗教生活中获得情感的升华，例如，欣赏艺术作品和自然景观，聆听布道和阅读经书，或演奏平和的宗教音乐。在经济方面，审美的作用非常广泛，几乎涉及家庭和社会的各个层面。人们一直尝试通过品位标准去鉴别美丑，但人们的观点却不尽相同，因此对美丽、平凡、丑陋的区别亦非常敏感，这几乎影响到了各个行业。例如，比例均衡的房屋要优于设计糟糕的房屋，而类似的审美同样适用于家具、家居用品和装饰等。进而，适用于房屋和家具的审美也同样适用于衣着和其他个人饰品。平凡优于丑陋，美观优于平凡，漂亮又优于美观。物品的昂贵和便宜不仅在于价格——前者更加美丽，而后者丑陋，在很多情况下，美丽的物品并非要贵于拥有相同功能的丑陋物品，因此，采用既定材料和尺寸，设计精良的房屋不一定比设计糟糕的房屋贵；对于墙壁、家具、窗帘等内部装饰，纵然其材料的价格有所差异，一种颜色的价格也不会比另一种颜色高出许多。设计精良的服装、鞋帽等无须因此而提高价格。所以，当人们对所用物品拥有较高的审美标准时，物品必然按照需求供应。当我们不去购买丑的物品，市场自然会供应更美的物品。如果我们仅仅通过学校教育提高人们的审美标准，那我们就应该提高原材料的生产水平，使产品符合我们的审美标准。尽管效率和美学的关系仍然存在一些问题需要讨论，但即使不受视觉感官影响的事物，也会在审美上有所考虑。除了提高审美品位外，我们还能做更多，我们至少可以在形式上创造美丽，比如让我们的服饰和家居用品和谐搭配。人们在做各种事情的同时，也能创造美丽——整齐悬挂图画，摆设家具，摆放桌椅，烹制食物，整理庭院，修整树木，修剪草坪，设置围墙、树篱和附属建筑，制作衣帽，设置配饰和装饰，创造美的方法千千万万。这些审美品位和能力与个人和社会相互作用，这种作用是强烈的，但也是微妙的，它们让颜色、声音和比例更加和谐，让装饰更具品位，让协调持续而密切。

美与丑对年轻人精神和心理的影响可通过柏拉图的言语来阐释：

"我们未来的主人在道德沦丧的环境中成长，好像羔羊处于长有毒草的牧场中，每天都在吞食毒草，久而久之，便不知不觉积存了精神的脓疮。让我们的艺术家发挥辨识美丽、优雅的天赋；让我们的年轻人生活在健康的环境中，观察优美的景物，倾听愉悦的声音，随处感知美好的事物。让艺术家创作出更好的作品，展现更多美好，如春风化雨浸润心田；让年轻人更早对美产生认同和共鸣。"

第二章
方法

如约翰·杜威①所说，对于饱含情感的心理意象，人们会通过具体化的方式将其升华和延续。②因此，培养美感首先要创造饱含情感的心理意象。多数时候，就像注视日落景象或欣赏艺术作品一样，这可以单纯通过对美好事物的沉思而实现。通过对意象深层内涵的反思，意象会更加生动，饱含的情感会更加强烈。这被称为审美判断和欣赏的被动教育，就此而论，其具有良好效果。我们会对自然之美或艺术之美发出赞

---

① 约翰·杜威（1859—1952），美国实用主义教育理论的创始人。——译者注

② 《教育百科全书》，"教育的艺术"，第一卷，第224页。（本书正文部分脚注无特别标注均为原作者注。）

叹，孩子们会对我们发出的赞叹有所反应，但并不强烈。我们可能会认为孩子们存在领悟方面的困难，因此会不停地试图点燃他们对美的热情。我们试图将自己的观念和情感灌输到孩子的大脑中，但实际上更应该去唤醒他们的审美意识。

所有的优秀的艺术老师都强调，要唤醒学生的审美意象并激发他们的审美情绪，就必须让他们将情感意象具体化，并鼓励、帮助他们做到此点。尽管结果可能不尽完美，但是想要让孩子们能欣赏他人的画，就必须让他们根据自己的心理意象去绘画。然而，过于追求技巧，会弱化孩子的审美意识。想让他们对绘画有鉴赏力，就要让他们调配并涂抹颜色；想让他们欣赏高雅音乐，就要让他们学习唱歌或演奏。总之，无论哪种艺术，如果想让孩子懂得欣赏，就让他们去尝试或应用。这是一个很好的办法，但有时教师们并不愿意用于他们自己身上，他们认为，这样做对孩子确实颇有益处，但对于他们自己不太可行，因为他们已经错过了人生中的可塑之期。毫无疑问，对于许多艺术来说，上述观点在某种程度上是正确的。年幼时没有经过音乐或绘画培训的人，成为艺术行家的概率很低，但可以确定的是，确实存在一些可以美学方式进行的事情。在一些艺术创作中，精美或实用的创作均具有意义，因为这些艺术间接地创造了能懂得欣赏和喜爱其他艺术的共鸣情感。人们已经开始意识到，艺术创作不必受制于年龄问题，它更关乎气质和决心。如果德·摩根能在75岁时创作出著名小说，为什么他人就不能在63岁才开始创作诗歌呢？大师们终身以文字进行创作，他们欣赏、享受到了人世间杰出的诗文和韵律，世界上怎会有人从未尝试过写诗却能真正领会十四行诗的魅力呢？

只有进行这样的反思，才能让作者从自己的作品里凝聚出真理。他们努力将成果融入作品的字里行间，这些尝试有助于解释一件怪事——作者会通过自己的诗句来阐述自己的思想。对于儿童教师来说，这些诗句既是鼓励又是警示——鼓励他们去尝试，警示他们不要浅尝辄止！

对于那些有意尝试写诗的教师来说，一份诗歌创作早期的传记式描述或许能为他们提供其他更好的方法。

1912年，在康奈尔大学春季美育课外活动中，作者发现了一个极好的白桦树样本。作者被这棵树深深打动，返回到大学后，便回想当时的画面，并思索如何更好地描述当时的情景。虽然观感印象是丰富的，但缺乏一种恰当的表达形式。之后，作者参考《四季的诗》[1]和威廉·马丁《苹果园的春天》所提供的

---

① 玛丽·洛夫乔伊编辑，Silver Burdett出版社，纽约。

合适的韵律和词格，借用"你见过……吗（Have you seen）"和

"在春天……（In the spring）"的韵律和表达，最终创作出来以

下诗行：

THE WHITE BIRCH

Have you seen the white birch in the spring,

In the spring?

When the sunlight gleams upon her branches

In the spring?

When her green leaves, young and tender,

Through their soft concealment render

Glimpses of her outlines slender

In the spring.

Have you seen her wave her branches in the spring,

In the spring?

Wave those airy, milk-white branches

In the spring?

As they glisten in the light

Of a day divinely bright,

When to see them is delight

In the spring.

Have you seen the sunbeams glancing in the spring,

In the spring?

Glancing on her leaflets glossy

In the spring?

When the wind sets them in motion,

Like the ripples on the ocean,

And they stir our fond devotion

In the spring.

If you have not, then you know not, in the spring,

In the spring.

Half the beauty of the birches

In the spring.

Past their tops of silver sheen,

In the distance far are seen

Blue-tinged hills in living green

In the spring.

参考译文：

白桦

在春天，

你可曾见过白桦？

在春天，

你可曾见过晨曦映照她的枝干上？

在春天，

她柔嫩的叶子，

悄悄婆娑，

人们却能一览她曼妙的身材。

在春天，

你可曾在春天见过她枝条摇曳？

在春天，

可看见她那修长的乳白枝条随风摇曳？

在春天，

当她的枝条在阳光下熠熠生辉，

看过她美姿的人都会愉悦。

在春天，

你可曾在春天见阳光普照大地？

在春天，

你可曾见阳光照耀在她光滑叶片上？

在春天，

当微风吹动她的叶子，

犹如波浪划过水面，她们令我着迷。

在春天，

如果你没有在春天见过白桦，

你也不会知道，

白桦在这个季节的美丽，

因此会错过她们那美丽的银白树冠。

在春天，

远方遥望，

青黛蜿蜒，冈峦迭起。

接下来尝试的是在没有诗人建议的情况下，在一个不同领域进行的。一位知名的教育家①去世了，人们想要悼念他。以下来自泰纳的英语文学作品给出了这首诗的创作动机：

"你或许会想起，在一个冬天，当你与伯爵和绅士们围坐在餐桌旁时，王降临了。点燃炉火，厅堂暖和起来，外边没有冰雪和风暴。然后一只燕子飞过厅堂，从一扇门进入，从另一扇门飞出。美妙的瞬间令他愉悦，他忘却了阴郁和严寒。燕子飞过是瞬间的，但他每年冬天都会到来。我认为这就是人的一生，就像那无法掌控的时间。生命似乎是瞬间的，但在这之前或之后又会发生什么？我们不知道。"

THE BIRD AT THE BANQUET

Into the banquet hall, deep in the night,

Out of the darkness, into the light,

Flew a bright swallow astray;

Over the banqueters flooded with light,

① 查尔斯·布兰特利·艾科克（1901 1905），美国北卡罗来纳州州长，美国教育家。

Winging his swift course into the night

Back flew the bird on his way.

Symbol of life for the child at its birth;

Wandering spirit, here on the earth,

Flutters it trustingly by.

Emblem of death for the man in his might;

Out into darkness, back into night,

Wings he his way to the sky.

Short though thy stay, O thou flash of delight,

Bird of the banquet, that pause in thy flight

Still in our fancy we see;

Comrade, thy passage, though brief was its span,

Deep writ thy message on the warm heart of man,

Forever remembered must be.

参考译文：

宴会和飞鸟

夜晚一只鸟儿飞进宴会厅。

飞出黑暗，进入光明。

是一只伶俐的燕子误闯进来，

宴会灯火阑珊。

鸟儿很快又飞入黑暗，

重返他自己的航程。

对于出生的婴儿，

作为生命的象征，远行精神，

注定要让其经历万物。

对于强大的成人，

作为死亡的标志，遁入黑暗，

最终要让其消逝虚空。

你短暂的停留，带来刹那的欢喜。

穿越宴会的鸟儿仅短暂的穿行，

却让我们感慨颇多，

我的朋友，你的停留尽管短暂，

却为我们带来心灵的温暖。

人们一定会永远铭记。

    在美育课程中，教师不仅要尽可能培养学生艺术创作的能力，而且他自己也要勤奋地练习他已经学到的艺术，并尝试新的艺术形式。即使仅仅是为了从中培养新的见解并获得灵感，后者的努力也是值得的。

第三章
审美观的范围

　　教师们倾向于将美术学视为美的特殊领域，并尽力将审美教育的努力集中在这一领域。这样的思路忽略了自然，没有全面认识所谓的实用艺术。

　　形成上述现象的原因并不复杂。如果忽略产品美观性，工业化的生产方式确实可以提高产品生产的效率，也确实提高了产品的一致性，甚至有时可提高产品的简洁性。再出色的设计，例如一把椅子，如果不断重复复制，也会让人兴趣尽失，因为设计者的具体构想已经在无数次的重复复制中消磨殆尽，源于思想和心灵的创作为机器操作所掩盖。在工具时代，每个生产的对象在一定程度上是设计者思维和技能的反映，随着这个时代的逝去，机器时代的到来，每个生产对象都成了设计原型的复制。在机器时代，美学的卓越性会限制在个体化生产所尊崇的、反映艺术家情绪和技能的艺术中，这或许是必然。那么，实用艺术便会从美的领域中消失。

对于自然来说，情况有所不同。大自然产生的让我们可感受到的美，大多无须人工干预。日落的余晖、缥缈的暮霭或秋日斑驳的树影，与人有什么关系呢？但是，如果我们与这些效果的产生无关，它们怎么可能在一定意义上成为我们情感的具体化呢？这个问题长期以来一直困惑着人们。大自然的唯美总是显而易见的，因此最高层的艺术往往被认为是对大自然的完美模仿。画出一棵树或日落场景最接近自然的样子经常被视为艺术的巅峰。但此时的美仅是间接的，因为艺术家的卓越并不在于其思维和情感的客观化，而完全在于其艺术复制的技术性卓越。此时，艺术降级为技术。

然而，我们是否真的赞同从美学探讨中剔除了自然和实用艺术？当然不是，至少在自然界，艺术家始终追求美丽和完美，即便这种模仿离内心的追求仍然很远。法国雕塑家奥古斯特·罗丹认为：大自然是完美的，艺术家对自然的扭曲或忽略是不合理的，艺术家必须始终忠实自然所呈现的事物。他行使着一种选择性的特权，因为他也承认工作室只选择模特，还原出一种表达其目的的引人注目的永久姿态。结果就是，即使在某种意义上他的塑像非常逼近自然，但在另一种意义上塑像与自然仍然相去甚远。艺术家的思想和情绪是其内在的，大自然为作品注入的东西实质上是原始材料，如果愿意，仅靠宝石也能构成选美皇后头上的皇冠。

自然绝对是华丽艺术形式所必需的，很显然不能从美学考量中排除。即使在最初完全忽略了自然之美，但最终还得回归到自然，以自然之美引导绘画、雕塑和诗歌创作，丰富作品形式，激发创造灵感。尽管人类不能直接创造花朵、太阳、月亮、星辰和海洋，但这些事物可以激发人类进行艺术创作的灵感。如果没有自然界中美丽事物的帮助，思想如何能以美学的方式表达出来？想象的轻微悸动即可引发心灵和思想的巨大震动，任何改变我们对世界单调而平凡看法的事物都会激发我们的想象。安娜·博茨福德·康斯托克①对加利福尼亚罂粟有以下描述："尽管这鲜艳的花朵曾在我们东侧花园中绽放，但直到我在加利福尼亚山丘上发现了红遍山坡的花丛时，才真正发现她们的美丽。我们很容易理解这种花能被选为加州州花的原因——繁花烂漫的山坡之下蕴含着黄金财富，罂粟花如阳光一

---

① 《自然教育手册》，第66页，康斯托克出版有限公司，伊萨卡，纽约。

样让这片土地熠熠生辉。"尽管这些句子已颇具诗意，仍然可

梳理成以下形式：

IN POPPY LAND

Poppies shine up as the sun shines down

On the gold-clad hills of our western strand,

And the wealth rolls out as the men dig down

In the rock-ribbed earth or the fertile land,

By the shores of her gleaming sea.

Stars shine out as the sun goes down

Neath the fading bars of the flame-lit west,

And my hope springs up as their rays beam down

Through the silent space of the realms of rest

On the face of the restless sea.

Love smiles up as the moon smiles down

On the man of deeds and the maid of song,

For the heart's lay swells as the bird's dies down,

And this love is deep as the days are long

Till we sail on her moon-lit sea.

Faith looks up as the night shuts down,

For when hope is bright and her love grows strong,

Then the soul will trust, though the rain come down,

That the storm will pass, as it sweeps along

To be lost in the heaving sea.

参考译文：

罂粟花海

罂粟花如阳光一样铺撒在大地之上，

蕴藏黄金的山丘向西方延绵。

矿工的辛勤开采让财富源源流淌，

黄金就在泥土和岩石之下沉淀。

在熠熠的花海之滨。

太阳落下，繁星点缀，

西方灯火通亮，界线渐渐模糊，

光芒汇聚，希望升辉，

不管海涛汹涌，我心依然平复。

月光下

男人们劳作，女人们歌唱，

脸上笑容浮现，

鸟儿沉寂，心灵欢畅。

绵长爱意永不变，

月光普照的大海上我们远航。

黑夜散尽迎来信仰之光。

希望之光闪耀，博爱之力凝聚。

大雨停歇，精神有所依仗，

风暴退去，

巨浪消失在海洋之上。

此外，如果从其本身角度审视自然，会发现自然并不是具体事物偶然无意义的汇聚，我们可以欣赏或不欣赏这些事物，但自然拥有不能忽略的需求。某些方面，自然是有组织的生活；另一些方面，她是有序的力量，她拥有她的内在含义。无论人类多么喜欢花香，花朵的芬芳也并不是为了取悦人类的鼻子，而是为了吸引昆虫。自然界中，完善功能的实现手段的确也是美学研究和美学欣赏的合理范围。

威廉·莫里斯①和约翰·拉斯金②再现十八世纪末消失的工具经济，他们认为机器制造的物品缺少美感，因为这些事物并非出自艺术家工匠的技艺、思维创造和个人情感。他们还认为实用艺术不宜脱离美学范畴，他们在实践中也是这样做的。十九世纪中期，爱默生曾在文章中感叹机器造成美学艺术和实用艺术的分离："美必须回归到实用艺术中，不要区分美学艺术和实用艺术。历史能够做证，如果生命能够华丽地消逝，将不会轻易甚至不可能区分两者的差异。对于自然来说，所有的事物都是实用的，所有的事物都是美丽的。"③

无论我们是否喜欢，无论工艺美术运动如何，工具时代终会和拿破仑时代一样消逝，不再复返。大多数家具还是会采用机器制造。难道莫里斯和拉斯金是痴心妄想？难道爱默生的

① 威廉·莫里斯（1834—1896），英国工艺美术运动创始人。——译者注
② 约翰·拉斯金（1819—1900），英国作家、艺术家、艺术评论家。 译者注
③ 全集，第四卷，第367—368页。

要求是不可能的吗？

如果他们所期望的事物意味着必须恢复过去的生产条件，那答案是肯定的；如果他们认为工厂的存在完全或大部分排除了个体美学创作，那答案是否定的。我们可以承认，现在以及将来会使用机器制造纺织品、家具、生产工具、运输工具以及大部分衣物。然而，该事实不会破坏实用艺术的美，它会改变美的方向，无疑也会改变其范围。

在过去，例如，家具的一般使用者不会自行制造家具，而是从工匠处购买家具。因此，无论用户对上述物品做出何种美学评价，都缺少创造性生产元素，而且同现在一样都是被动和间接的。在此方面，除了涉及的品种，产品的现代①用户也持与过去手工制品用户相同的态度。另外，对于很多艺术来说，如陶器，机器制造不仅可以降低制造成本，还可以极大地提升产品质量。农民或穷人一般用锡铅器具作为餐具，如今也可自由地享受多数精美的瓷器。之前只有富人能负担得起的物品，现在已经广为使用。多数情况下，穷人缺少的是良好的品位，而非满足良好品位的手段。

工厂工人们发现，设计师一次性创造出可以进行无限次

---

① 该书成书于1913年前后，下文中出现的"今天""现在"等类似表达均以此时间为基准。——译者注

的复制的产品形式，他们还看到，一台机器能实现本来仅能通过他们双手实现的技能。对此，工人们又有怎样的看法？无疑，这不存在美学损失，因为在每天的大部分时间中，工人们的角色是工匠而非艺术家。但机器最坏也不会吸引他们一天三分之一时间的注意。在他们个人爱好以及家庭生活中，在实用艺术领域存在丰富的机会去培养和积极使用创造力。在这方面，工厂工人们不会次于家庭其他成员，也不会次于农业或商业阶层。如果现代社会的日常生活中缺乏审美，我们只能怪在美学方面的错误教育以及不当观念。

如何使实用艺术成为纯粹的审美愉悦的来源，将在下面的章节中进一步讨论。

第四章
美的组成

美由两部分组成：（1）审美内容，被称为特征；（2）适当表达，通过感官媒介实现。如果说美的事物是人思想和情感的物化，它的内容可视为观念、理念、内涵和意义。从光辉的想象到深邃的思考，诗歌中都能逐一体现，它包含了人类的全部情感和观念。一句诗是零散的，仅仅是无意义音节的单纯组合，不足以阐述完整的观念。比如下面的诗句：

Fee fo fum,

Fi fol de rol de ray.

诗歌必须有思想内容，这一点几乎不会被质疑，但对于绘画和雕塑来说，则不是这样，作品令人获得了感官愉悦，许多艺术家似乎就获得了满足，不再那么考虑所表达的含义或意义。因此，在一幅画着死鱼的画中，绘画者正确绘出了鱼的形态，鱼鳞闪闪发光，正如在阳光下清水中活鱼所展现的那样。但是，除非欣赏者是钓鱼者或美食家，作品暗示的东西就可能过于隐晦了，而关于真实的思想的表达也许根本没有。如果一个艺术家已经满足于自己的表现手法，不再考虑所表达的内容，此时，他的艺术就会降格至一种困难的摄影形式，这一过程是困难的，其结果也只不过是得到一张图片。他得到了他艺术的"躯体"，却抛弃了艺术的"灵魂"，而后者是他想象力的真实创作，是他艺术真正宝贵的部分。

然而，这里有一幅画既包含内容又有形式。这幅画作描绘的是德国某个小村庄的一次圣餐。神情严肃的牧师穿着黑色礼服正在为参加礼拜的信徒们分配圣餐。牧师的助理看上去颇具专业人员的气度，律师以尊重的神态观察仪式，而前面的农民则全部全神贯注地膜拜。他们或凝神注视着主教，或低头分食着面包。一位老人，满面皱纹，双手粗糙，坐在桌子的一端，他俯首低头，紧闭双眼，神态虔诚，无不表现出身体的放松和内心的宁静。对于观看者来说，画作表现的事物整体内涵、思想和意义都显而易见。

最好的肖像画能尽可能最高程度地展现其主体的特征；出色的风景画能完美地展示自然的真实层面、表现景象、激发观看者的情绪。同样，每件伟大的雕塑作品也能展示其内在含义。

华盛顿联合车站前矗立的哥伦布纪念碑为洛拉多·塔夫脱的作品，哥伦布雕塑矗立在船首，构成一种美的形式，人们称之为"探索的精神"。

这就是它对于作者的意义，也是它最能向教师传达的含义。

THE SPIRIT OF DISCOVERY

O pilot of the unsailed seas,

Thine eyes bent forward on thy quest,

Thy wings outspread to meet the breeze,

Thy hands still resting on thy breast,

That hope deferred or rising fear

Chill not the courage of the band

Who, bold to seek, still fail to hear

The breakers roar on India's strand —

Thy glowing ardor fires the heart,

Thy crystal vision sees the goal,

Our sun, our star, our sailing-chart,

Of all research thou art the soul!

Fair guide of youth's frail cockle-shell,

Of venturous lads, who peer o'er rim

Of their small world, and fain would tell

What lies beyond their outlook dim;

Thou fount of hope by day, by night,

To sailors bound to truth's far port,

Though storms assail, give thou the might

To reach the bay, to pass the fort.

Bright spirit that Columbus led,

Direct our course on sea, on land,

Lead through the mists till life is sped,

Give light and strength and guiding hand.

参考译文:

探索的精神

在从未探索过的海域上,

舵手双眼凝视前方。

船翼在微风中展扬。

双手平放胸膛。

希望不断逝去,恐惧不断滋长,

但船队的勇气不会消亡,

敢于探索的人,

不会惧怕印度洋上咆哮的海浪 ——

狂热心胸在激荡。

目标在视界中明朗。

太阳、星辰、海图

所有的一切都令灵魂激昂!

为脆弱的船只指明方向,

勇敢的少年,紧握舵轮,

在这片小小的世界,

他们坚信渺茫之外存在期望的世界，

日日夜夜他们坚持着希望。

水手们一往无前驶向远方的彼岸，

尽管波涛汹涌，他们英姿勃发，

最终要穿过阻障，驶向港湾。

哥伦布彰显的伟大精神，

指引我们跨越无际海洋，驶向彼岸，

引导我们穿越浩渺烟波，达到圣地。

赋予我们光明、力量和勇气。

尤其是在建筑设计、实用艺术以及自然方面，其审美内容的元素在于目的和功能。功能之后的表现和形式为建筑师所熟悉，当然结构的比例应符合建筑的目的。"摩天大厦"适合用于商业，而不是为了膜拜。在玻璃很稀有以及匪徒横行的时期，房屋应采用狭小的窗户制作方式，但对于现代建筑，上述考虑则不合时宜，因为如今玻璃更易获得，建筑内部需要更加明亮，也无须再担忧外界的侵扰。一件设计完善的家具，可以完美实现各种不同的功能。座椅的椅腿不能不稳定或被过度装饰，因为精巧的设计不利于部件功能的改进。

对自然美的直接欣赏不仅涉及感官表达，如日落或秋叶火红的颜色，还涉及对目的的满足；不仅仅满足人们的目的，还满足自然本身的目的，比如花瓣要展现艳丽的颜色和散发的芬芳气味。能发现自然之美的人，首先要从自然的角度审视自然，然后才以自己的角度看待自然。雏菊或蒲公英可能会给耕种者带来麻烦，但它们也能成为欣赏者愉悦的来源，尽管草坪管理者不喜欢蒲公英，但孩子们喜欢。

与审美特征不同，审美表达的手段不容易遭受质疑或区分，它们是普通的，不易出现错误的，因为它们是自然所拥有的或艺术家急欲表达的具体、感官体现。建筑理念可通过木料、石料、砖块和混凝土进行表达。雕塑家主要运用大理石或青铜；画家主要运用画布、染料、色料和水墨；工厂运用木料、钢铁、黏土、铝材、棉花、毛线和丝绸等。音乐家运用音律，诗人运用词句（口头的、书面的或吟唱的）。大自然以众多的景观和声音来吸引人类的视觉和听觉，从碧草到蓝天，从斑鸠的鸣唱到河流的咆哮。表现思想及情感最普遍的方式无疑是书面文字，有时是散文，但更多是诗句。

以下诗句以格律体的形式介绍了作者在佛罗里达比斯开湾冬季航行中所见到和感受到的景观、声音和愉悦：

SAILING ON BISCAYNE BAY

(*To Commodore R. M. Munroe*)

The waters call! O ho! Come sail

Far out on Biscayne Bay !

The winter's sun is bright and warm,

The air is that of May.

The "Doris" waits; she's headed east

To greet the morning breeze,

And here it comes across the bay

From off the Southern seas !

Now loose the stops, shake out the sails,

We'll start without delay;

Like mullet schools that flash about,

We, too, are out for play.

Upon the taut'ning anchor rope

Let's heave with might and main,

Then out upon her broad expanse

We'll sail on Bay Biscayne.

The anchor's up, the sails are full,

We're off on Biscayne Bay!

Stand by for shoals and orders sharp,

When once she's under way!

Tis southward ho! we turn, the palms

Appear on Soldiers' Key

Like filmy ghosts;

They surely seem

Mirage upon the sea.

Across our bow the silver scales

Are flashing in the sun, —

A school of Spanish mackerel —

Their frolic, too, begun.

Come sing with zest our boating song

And lift the gay refrain:

Farewell to care! to joy all hail!

We sail on Bay Biscayne!

But hold! what shines across our course

Far down on Biscayne Bay?

Tis yellow sand on "Feather Bed",

The bank that bars our way.

Then peer ahead to find the stakes

That guide us safely through,

While here the keys that lock us in

Upon our port we view.

Behold the colors of the bay!

All shades of blue and green,

And in the noontide's shimmering air

An opalescent sheen.

The sun declines; we homeward turn

Upon our land-locked main,

Resolved that oft in coming days

We'll sail on Bay Biscayne.

参考译文:

比斯开湾航行

（致芒罗舰长）

波涛在召唤！快来航行吧！

驶离比斯开湾！

冬季的阳光明媚而温暖，

空气中充满了生气。

多丽丝号等待着，她的船头已经指向东方，

迎向清晨的微风，

然后穿越海湾，

驶向那边的大海！

现在就要全速前进，从众多船只中脱颖而出，

我马上就要开始航行，

像放学后的孩子，

我们也要出去玩耍。

收紧锚索，

让我们的船全力开动。

面向宽广的海面，

我们将航行在比斯开湾。

收起铁锚，满帆前行。

驶离比斯开湾吧！

一切待命，口令清晰。

大船已经开航！

然后船体驶向南方，

棕榈树出现在船员的视线中，

犹如朦胧魂魄；

他们看起来像

大海中的蜃景。

越过船首，看见银白的浪花

在阳光下波光粼粼——

马鲛鱼——

也开始嬉闹起来。

随着大船的行进，开始歌唱，

然后吟唱曲调：

欢快地向卡雷尔道别！

我们航行在比斯开湾。

等一下！是什么出现在我们的航线上？

在比斯开湾的远处？

是黄沙海岸，像羽毛床垫，

海滩阻挡我们的航行。

然后船员仔细查看标桩，

引导我们安全通过。

此时一些景象吸引了我们，

出现在我们瞭望的港口上。

快看那海湾的颜色！

碧绿、湛蓝。

正午的阳光闪烁，

散发乳白的光晕。

太阳快要落下，我们要返航，

返回内陆。

以后，

我们还要航行在比斯开湾。

第五章
审美特征

一、意义的类型

美的内容或所表达意义的种类有时取决于艺术领域。在某些情况下，尤其是对于绘画、雕塑和诗歌来说，审美的内容一般是具体的、客观的；对于其他艺术领域来说，审美的内容是个人的、主观的；而在建筑、自然以及实用艺术领域，审美的内容大多是功能性的。下文会对每个方面进行简略介绍。

1. 客观的

不论人物是真实的还是想象的，个体的性格可通过绘画、雕塑或诗歌表现。同样，艺术家或诗人可表现年龄、悲喜、爱憎、友谊、希望、命运、奋斗、情绪、胜利、安宁、虔诚、放弃、愿望，等等。例如，《尼俄柏》《胜利女神》，伦布兰特的《自己的画像》《背井离乡》《西斯廷圣母》，大卫·格雷的《在阴暗处》《渐渐消逝，沉闷的一天》，艾丽斯·梅内尔的《背弃》以及乔叟、吉卜林等诗人的诗作。

以下为表达友谊的诗文：

TIDES

Tides flow in the hours of morning

With a still, resistless might,

Or they bring our ships with tumult

In the watches of the night.

They ebb in the hours of darkness

Or in those of passing day,

And the boat that rides in the harbor

In silence they bear away.

Friends come on the waves of gladness,

When our life is filled with bloom,

Or they come on floods of sorrow,

When the heart is bowed in gloom.

But whether they come in winter,

Or whether they go in May,

They bring us stores of heart's ease,

Or they bear our cares away.

As long as the tides move inward,

As long as they outward glide,

So long will the flow of friendship

In the tides of life abide.

参考译文:

潮汐

清晨，潮涨，

海上潮水汹涌而来。

傍晚，潮落，

岸边船舶喧闹不停。

潮水退回远方的黑暗，

遗落过往的时光。

停泊在港口的船舶

静静地开始航程。

朋友们高兴而来，

我们的生命绽放花朵。

他们悲伤而至，

我们的心忧伤至极。

不论他们是否在冬天到来，

无论是否在春天离去，

都能给我们带来心灵的慰藉。

他们带着我们的惦念远行。

只要潮汐还会涨起，

只要潮汐再次退去。

我们的友谊就会长存，

犹如潮汐永远涨落。

2．主观的或个人的

（1）诗歌和绘画通常反映了艺术家的个人情感，是抒发艺术家思想及情感的工具。景观不仅可以表现自然的客观事物，还能表现人物的心境，有的景观描绘的是阳光和笑语，有的则是消沉和忧郁。亚瑟·鲍文·戴维斯的一幅名为《男孩与海》的画作展示了一个男孩静坐在海边，注视着海湾。画家想象男孩能看到的事物，并将其融会到画作之中。繁盛的枝叶影影绰绰，前方的水平面波光粼粼，却"朦胧泛着白光"，再往远处淡化为模糊的颜色和形态。惠特曼为悼念林肯总统而创作的诗篇《为悼念林肯总统的赞诗》中，一些自然事物，例如隐士夜鸫、星星、伙伴的手、紫丁香、沼泽和雪松均作为手段来增强和丰富所表达的情感。当然，艺术的这些主观方面对于年轻人来说是陌生、难懂的，因为年轻人很少能接触到这种主观场景。因此，这样的艺术对于青少年来说应该是迟来的，甚至根本不会到来。

（2）任何事物，例如景物、植物、花卉、工具、机器和器皿等，在对其进行审视时，都可考虑其与生命整体之间的理想化关系。

如果年轻人对个人情绪、言语和思考的艺术表达不感兴趣，那么，将一些平淡的事实理想化，在心理上更接近年轻人，更有可能为年轻人灌输世界审美观。

棉花是美的，不仅仅在于棉花的洁白和松软，更在于它与人类生活和活动的关系。想象一下棉花的种植、收获、加工和制作，其中付出的劳动和寄予的希望，可将棉花美的形态和人们辛勤的劳动融入作品中。棉花产业使百万计的人投入工作，让数以百万的资金投以运作；让种植人和工人能够获得食物、衣服、住房、教育和娱乐等；为牲畜提供饲料，为人类提供油料，为植物提供养料；让无数机器得以运转，让其作用发挥到极致。总之，诗歌需要诗人感知并表达它的美。①

玉米也是这样。玉米是土著人的面包原料，它使人民的生存和发展成为可能。带着玉米食物，开拓者可在偏远的地域进行探险，获得更多的生存希望。玉米不仅是人类的食物，也是农场牲畜的饲料来源。玉米的副产品种类多样且作用重大。在所有作物之中，美洲人民最依赖玉米。歌颂玉米给人

---

① 对比詹姆斯·埃伦在《法治》中对亚麻田的描述。

类带来的好处的诗歌，家家户户都耳熟能详。在每个生长阶段，玉米都能引起人们的注意和兴趣。

还有比一个单独的轮子更单调的事物吗？不一定。轮子为圆形，可围绕中心自转，因此可象征永恒轮回。

很多事物可能与生活中的许多方面产生关联，以下诗歌进行了阐述：

THE WHEEL

On creaking disks of wood the peasant's cart

Sustained its load and onward wound its way;

Beside her wheel Priscilla sang her lay

Of love, and, spinning, won John Alden's heart.

The potter shapes at will from plastic clay

On circling plane his vessels of delight;

The balanced watch ticks off by day and night

The rolling years of life, both green and gray.

Upon their cycles twain, the riders reel

O'er hill and dale like forest deer in flight,

And on resilient tire and spring of steel

The horseless carriage flashes on the sight.

Ah, Mercury! thou sprite with winged heel,

Thou'rt left outdone behind the flying wheel.

参考译文:

<h1 style="text-align:center">轮</h1>

嘎吱作响的木轮,

农民的马车荷载前行;

车旁普里西拉吟唱着她的歌谣;

歌声充满爱意和缠绵,令约翰心动怦然。

陶艺人随意塑造着黏土的形状,

欢喜地在圆台上创造他的陶器;

时钟嘀嗒行走,

日夜不停年复一年。

时针旋转两圈,

骑士们又要飞快奔过山岗。

弹性的轮胎,坚固的弹簧

车辆呼啸前行。

啊，默丘里！你那长有尾翼的妖精，

已经落在快速旋转的轮子之后。

在一首歌曲中，对"旧橡木桶"进行了美学思考，不仅是因为这个桶悬挂在井上，还因为它与作者幼年的场景密切相关；一个诗人赞颂起重机的吊装，赞颂船舶的航行；还有其他图片展示家乡的事物——墙壁上猫的黑色身影、家犬伸直的前爪、丰收的苹果、盛放苹果汁的杯子、收获的花生、宽口壁炉以及燃烧的炉火，这些事物在美学上令人愉悦，不是因为这些事物是通过诗歌来描述的，而是因为这些事物与生活存在关联，即使当时的社会处于开拓阶段也是如此。对事物进行想象，然后不断展开，并将事物与重要的含义联系起来，然后审美性就可发挥作用了。一棵树对于樵夫来说，是燃料；对于大自然来说，是许多微妙过程发生的载体；对于鸟类来说，是栖息地；对于情侣来说，是娱乐场所。花卉因它们的形式和颜色而拥有自然的美丽，但当加入有关人类生活的比喻和含义时，则成为新的美。对具有想象力的观察者来说，丘陵、山峦、江河、溪流、瀑布、森林、草原、峡谷、畜群不也是这样吗？

对学生稍微进行鼓励并令其进行实践，会让枯燥、无聊的旧世界注入新的美，比如明媚的晨光划破暴风雨夜的黑暗，教师应具有实现上述美学升华的灵感。

3．功能的

从形式的角度来看，建筑设计始于人类第一次研究比例；但从含义的角度来看，建筑设计始于形式与功能的适应。不同的样式和装饰出现后又消逝，但是有两种因素——形式和功能是永恒的，因为它们是建筑艺术美学的基础。因此，建筑设计的意义、内容都在于形式要适应功能。观念的差异导致希腊神殿采用了凹陷的水平线，哥特式教堂采用了较长的竖线。对于以上建筑，结构都要适应其目的，绝不能错误地适用于其他事物或用途。如果将圣庙用作士兵的营房，在宗教和艺术上都是一种亵渎。又如，住宅不同于公共建筑物，就像后者不同于商店或办公楼一样。

椅子的功能为支撑身体，通常椅子还有靠背和扶手。同现代一样，这些功能在古代也能完美实现。此外，它们几乎没有受到思想演化的影响，因此，椅子与衣物和其他家用物品一样也受到时尚的影响，会因为装饰而获得品质的提升或折损。一些现代发明应用在座椅上，如威廉·莫里斯设计的用于商业用途的旋转座椅和可调节靠背。但座椅作为一种美学对象的意义最终取决于座椅如何实现其功能。

衣物也是这样，例如帽子。一位纽约的女帽制造商曾宣称："帽子款式不断变化，但艺术从未离去！"但有时也存在问题："艺术确实已经离去？"就其理念而言，帽子的美学价值必须由功能的优越程度决定。当然，各种形状和装饰必须与服饰的其他部分协调并与材料匹配。在讨论表达形式时，需要决定这些问题。

通常，某些曾经具有功能的部件现在已经消失，或被作为装饰保留。礼服或"双排扣男礼服"背部的两个纽扣用以扣紧衣服的前下摆，看上去像欧洲大陆官员的制服。这个习惯如今已经被舍弃，但纽扣仍然是对过去的微弱回顾——可以说这是缝纫艺术的"阑尾"。同样，房屋也经常因为无用结构产生建筑累赘，如无用的塔楼、拱顶等，又如狭窄的窗户（本需要宽大），材料出现偏差（处理尺寸不均的混凝土砌块像处理砖块一样）。

在建筑设计和实用艺术的更高层次，会发现大自然的真正审美含义在于形式适应功能。例如，榆树具有的结构形式或理念能从美学上适应树的功能——主干短粗、树枝修长、树叶繁盛。糖枫则完全具有不同的组织形式，但同样美丽。柞木、胡桃木、松木、铁杉、苹果树、橘树均具有不同结构形式，适合表达树种的特性并充分实现其功能。正如许多艺术家所主张的那样，自然的都是完美的。人们不能从蛇、臭虫和杂草中发现美，因为我们是根据自己的偏见、便利和利益对它们进行评判的。

二、意义的范围

自然事物、家用物品、绘画或雕塑，其含义完全是特定或独特的，除了本身之外，别无其他含义，如一张普通人物照片，房屋、景观的图片，或非代表人物的半身像。最近期刊的大部分插图具有这种特点，如果没有设置的图例或说明，这些图片则不能为人们所理解；具有一般或普遍含义的艺术作品无须标签予以解释。多数演员的图片几乎都展示漂亮的女人，或矫揉造作，或多愁善感。她们显然想通过凝视月亮、星星、云彩或通过露出牙齿的微笑让自己"看起来愉快"。

然而，图片如不能传达普遍意义，则只能传达一般意义，所以图片要比承载图片的框架更宽广。米勒作品中的三个拾穗人代表了欧洲的无数农民妇女，她们长期在农田中不辞辛劳，画家对农民生活和情感的表达也是这样。伟大的雕塑具有相同的普遍含义，如安吉洛的《摩西》、罗丹的《思想者》、塔夫脱的《盲者》以及华盛顿喷泉矗立的《狮子》。

《狮子》看起来像尼罗河的狮身人面像，漠视周围的喧闹，雕像的"眼睛"遥望远方，似乎并不关注国家的命运。以下诗句体现了它们对作者的意义：

THE LIONS

Twin warders ye from Egypt's desert sands,

Where countless seasons roll with changeless face;

Ye symbolize to men of every land

The deathless fame of him whose fount ye grace.

Ye fan not here a nation's flame,

Or bid her foes beware;

Ye hold in trust a fadeless name

Committed to your care.

Through the endless years

Your watch shall abide,

And your vigil shall be

As time to the tide,

As sun to the sea.

参考译文：

狮

埃及沙漠中的两个卫士。

岁月穿梭，他们的面孔保持不变；

这是大陆上人类的象征。

他们优雅、神圣，不死传说永远流传。

这里民族的火焰不会被扑灭。

让敌人胆战心惊；

你们拥有的称号不可磨灭。

不负你对人民的关怀。

纵然沧海桑田，

你的守护依旧。

你时刻为人们警戒，

无论潮涨潮落，

无论日出日没。

真正的艺术家要使其风景画超越单个的场景描绘，如海洋、森林或其他图景。建筑设计作品所具有的功能意义对于具体形式是通用的，一座哥特式教堂可代表其他任何此类的教堂；一座希腊神庙在某种程度上可以代表任何希腊神庙。同样，机车、轮船、帆船、船坞、车站、桥梁的图片分别可代表此类事物。

艺术作品的本质在于必须具体地进行描述，或至少在艺术上进行描述。一个人的确可以写出有韵律的哲理，只有用特定的感受来象征抽象的思想，诗歌才能称为诗歌。关于人生的深邃哲学可隐藏在杰出的作品中，如莎士比亚的戏剧、歌德的作品，通过具体传达普世启迪，使得作品成为诗歌而不是散文。

如果拥有思想的艺术家不能将其思想融会到艺术形象中，或如果艺术家的艺术形象缺少思维，那这个艺术家就不是一个真正的艺术家。正如存在摄影一样，也存在纯粹艺术个体，作品如果只能在很短时间内发挥作用，注定会随着引起它的事件消逝。但艺术的普遍意义是永恒的，如果能获得充分的表达，那么就能使理解它的人愉悦。

第六章
表达方式

一、美的表现形式

美的意义一定要通过感性的方式来表达，比如雕像中使用的大理石和青铜，建筑中使用的石头、砖、木材和混凝土，绘画时使用的帆布、颜料等，诗歌和音乐中运用的词语和音节，大自然中的树、草、花及其一部分、阳光等，实用艺术中使用的金属和其他物质，所有艺术和大自然中包含的颜色和形状。由此可见，美的表现形式一定是一个非常重要的话题。

古人在很大程度上忽略了事物特征的价值，他们只考虑了外部表达，似乎在这里面挖掘出了美的本质。希腊人认为，如果多样的元素统一成整体，这样形成的美要高于任何单一元素（如颜色）所形成的美。因此，一堆大理石石块在美学效果上无法与适当、统一砌合建成庙宇的大理石相提并论。就像一块石块，无论经历多少次抛光，其美丽程度都不如用其雕刻出来的雕像。石块外形简单，体积庞大，缺少能形成统一性的元素，只是少数元素的统一体。一连串单独的声调或单个乐器几乎不能让人愉悦，但是，若它们正确组合，奏出一首完整的曲调，就会令人愉悦。

因此，在艺术中，"多样性与统一性相辅相成"是重要的论断，该论断在画作中表现得尤其明显。若画作中的任何元素仅仅是为了填充空间，没有在表达思想上发挥作用，那么我们就会认为这些元素多余且阻碍我们对绘画思想的理解。然而，当每个元素都在整体表达中发挥作用，且在表达思想时成为统一体，审美效果会大大增强。例如斯皮格尔的蚀刻画《酝酿恶作剧》：

很难说小女仆在酝酿什么样的恶作剧，但很容易看出存在恶作剧氛围。吉卜赛女仆的表情和姿势展示其要进行恶作剧（开玩笑）的决心。她在酝酿什么刺激的事情呢？

首先，桌上有一口锅，锅里有什么？每个人都可以猜测，是什么成为如此温柔的少女酿造恶作剧的灵魂？或许也可以从其他元素中看出：乌鸦肆意的叫声、松鼠尾巴的俏皮拂动或老尼克尾巴上的毛。很明显，不管锅里是什么，都是在酝酿恶作剧。那么，谁来生火？许多布朗尼小鬼，像他们服务的女主人一样天真大胆。他们拿着画笔去生火，用大火煮啤酒，帮助女仆恶作剧。

画的另一侧：女巫的扫帚和圆锥形帽子；脚下蹲着一只被施了魔法的小猫，它正准备扑向前方的长腿爷爷。最后，月亮从后面升起，准备全力支持前面所有的人物及动物进行恶作剧。

一切事物都有助于体现中心思想，整体统一——童年的丰富思想、户外吉卜赛生活产生的自由思想、酝酿恶作剧的壶、让其沸腾的工具、具有象征性的帽子和扫帚、嬉戏的小猫，然后是老卢娜自己，她以给年轻但又成熟的女仆注入一些疯狂的思想而出名。①

上述情形适用于任何艺术作品，揭示了艺术家的理想范畴及作品的成功表达，"多样性的统一"是其成功的标志。

从美学角度来看，物体各元素的表现形式分为三类，分别为：

---

① 参见作者的《艺术欣赏》，C. W. Bardeen, Syracuse, N. Y.。

1. 规律性与节奏感

规律性适用于空间事物或那些在颜色和形态上相似的事物，而节奏感则适用于随时间变化的事物。大型公共建筑的窗户多按规律性表现统一美。士兵穿着制服，装备精良，要求动作统一、有节奏。人们手持"骨骼"或木块发出有节奏的声音，原始种族用木棒敲打木头发出声音，都被其视为音乐。世界所有大型活动中，上述现象一直是原始文化阶段人们创作的所谓音乐的显著特征。类似的效果也出现在南部黑人所跳的木屐舞、"朱巴舞"中，而所有形式的舞蹈，其大部分魅力都归功于身体与音乐节奏的一致。

我们可以在很多事物中发现节奏：诗歌朗诵，音乐节拍，演讲时的规律性动作，文学散文中字、词与句子的平衡，脉搏搏动，机车有规律的排气，摩托车的行驶声，行走或跑步中腿和臂的摆动，吸气和呼气，注意力集中或走神等，其所表现出的节奏感贯穿整个身体和精神运动。

也许我们不能准确说清，只有一些人能够明白为什么规律性和节奏感让我们愉悦。或许，我们只需要知道规律性和节奏感能够带来愉悦。儿童喜欢荡秋千，喜欢有节奏的小曲（哪怕没有任何意义）；年轻人喜欢跳舞，喜欢定期制造或聆听重复出现的声音。无论是谁都会或多或少从音乐节拍或诗歌节奏中获得快乐。哈里斯[①]博士在意识的有节奏运动中找到了解释，他认为：这是人们对自我的认识。所有艺术都是自我感知与自我表达，这与杜威的观点不谋而合，杜威认为艺术是人类充满情感的思想或理想在感性形式上的具体化。

高度文明的种族，虽然在自然和艺术的许多方面保留了他们对规律性和节奏感的热爱，但通过与更高形式的艺术表达的结合，超越了原有的规律性和节奏感。从上述例子中看出，受过教育的成年人认为儿童和原始人所表现出的快乐难以理解。

儿童的原始艺术本能使其对这两种形式的审美感到愉悦，教师有责任引导其在适当的时间和条件下欣赏更高形式的美。

规律性无处不在——图书馆书籍排列，建筑物装饰中的常用元素，家具和器具摆放，花、草、树的枝干。这些规律性应该被人们发现和欣赏，但也能与更高形式的美相结合来体现其价值。

2. 对称与平衡

对称是反转的规律性。就像人们有两只手，右手手套

---

① 参见威廉·托里·哈里斯的《教育心理学的基础》，第353、354页，D. Appleton & Co., New York。

不适合戴在左手上。耳朵、眼睛、鼻孔、脸颊、胳膊、腿、脚、肋骨等同样如此。

试着从镜子中读出表盘所示时间。同样，在镜子前举起右手手套，会发现其镜像将适用于左手。我们习惯于照镜子，所以感觉不到反转，但是，若一个人第一次照镜子用剃须刀或剪刀刮胡子时，其会敏锐地意识到出现了"反向"。同理，也可以试着从镜子中描绘纸上的不规则图形。上述实例表明，镜子里的图像是反转的。

马赫[1]指出，垂直对称和水平对称不同。字母d和b、q和p为垂直对称，d和q、b和p为水平对称。对称关系可表示为：

$$d \qquad b$$

$$q \qquad p$$

小孩会混淆d和b、q和p，但很少混淆d和q、b和p。因为d和b、q和p为垂直对称图形，d和q、b和p为水平对称图形。经常混淆d和b、q和p的原因是它们看上去相似，而d和q、b和p却不然。树木和其在水中的影像也表现为水平对称。

---

[1] 参考恩斯特·马赫的《科学讲座》，第94、95页，芝加哥公开法庭出版公司。

正如马赫所说，我们之所以能够感觉到水平对称而感觉不到垂直对称，是因为我们的眼睛就是垂直对称，眼睛视网膜的每部分也都与另外那只眼睛相对应。左眼就像是右眼的反射，左眼的光感视网膜的所有功能都是右眼的光感视网膜的反射。

对称是比规则或简单的重复更高级的美学排列，因为对称同时引入了一种多样性，这种多样性与其对应物相统一。在习惯的地方感受不到对称给情感带来的美感冲击，当缺少一只眼睛、一只手或一条腿时，或者当铁钩代替劳动者失去的手时，人们才会意识到这种对称。软木腿或软木脚不会令观察者有不舒服的感觉，因为看不到其构成材质，但脚步停顿会中断节奏。

不仅人和动物的身体中存在对称，而且建筑中也很常见，甚至是不可避免的。比如，雕刻大门的两边位置排列、家具排列、按照身体对称性所制造的服装、树叶、树枝、花的各部位的形状和排列。

原始艺术不仅只是纯粹的规律性，有时会不拘泥于对称原则，比如雕像或神灵的形象。可在正面提供一个面孔，背面提供一个面孔。萨拉里诺表示：

如今，我们可以通过古罗马的两面神了解到，那个时代自然造就了那些奇怪的信徒。

有时前面的手臂会和后面的手臂相匹配。这种物体会令我们不舒服，但正是这种夸张的对称感才构成了这种物体。

对称在平衡中非常重要。一个人若只有一只胳膊，便失去了平衡，所以才会有两只相同的胳膊对称分布在身体的两侧。这适用于人类和雕像。如果一只胳膊被破坏，整体就会不平衡，最好把另一只胳膊也砍掉，就像罗丹的作品《行走的人》。从平衡的角度来看，雕像失去头部并不重要，因为没有其他部位与之对称。例如，我们能够适应《萨莫色雷斯的胜利女神》。该雕像没有胳膊，却不足为怪，因为两只翅膀能够维持平衡。若像失去胳膊那样失去任何其他部位，就需要我们特意忽略才不会感到不舒服。演说家若用一只手来做动作，另一只手静止或者放在某个不自然的位置，看上去就像独臂人那样不平衡。在装修设计时，对称是确保平衡的重要手段，比如装饰卷轴须相互对应。绘画时，也运用了对称原则。因此，若画中有两个花童，一个把花篮放在右臂上，另一个放在左臂上，这要比把花篮都放在同一支手臂上更能保证平衡。树枝和茎叶也通过对称排列来体现平衡。

狗的耳朵和尾巴经修剪后也没有感觉不适，是因为耳朵修剪后仍然对称平衡，尾巴没有与之对称的部分。

平衡不单单体现在对称中，还可以体现在规律性中，例如窗户设置，句子、短语或单词与另一组句子、短语或单词的平衡，草坪树<u>丛</u>的放置，图片中物体与其他不同元素的平衡。

3．协调与优雅

相对于规律性、韵律以及对称和均衡的机械部分，部分之间的布置和调节存在更高的美学原理。协调与优雅是美好的、不可或缺的，但不是最高层次的，因为在目的调节方面缺少衡量。

规律性及对称性从属于协调，有时需要保持，有时需要适应功能的实施。手指比脚趾长，手比耳朵和眼睛大。人们赞赏大象的鼻子，因为其具有良好的使用功能，但是如果一种动物的长鼻子一无是处，那么将是荒诞、奇怪，甚至丑陋的。此外，尽管手掌和臂膀都是对称的，当需要其做出变化完成要求的结果时，手掌和臂膀会做出不同的姿态。因此，小提琴演奏者用一只手来支持和移动弓，而另一只手触碰琴弦。钢琴演奏家较好地保持了手掌的对称使用。在劈砍木材时，一只手握持斧柄较大的一端，另一只手自由滑动控制不同的劈砍幅度，整个人的身体也在姿态上协调多个身体部位，或以变化的关系按照某一思想、设计或目的进行。沮丧、谨慎、希望、恐惧、欢欣、蔑视，总之任何心理状态都可以通过身体、头部、肢体的协调安排以及凭借相应的面部表情适当表达出来。

使想法和身体器官保持一致，从中可发现和谐的本质。在参加殊死战役时，亨利告诫他的士兵要将自己表现得更加凶狠，露出强健的肌肉，保持凶恶的眼神，以猛虎之势冲锋、龇牙、撑大鼻孔，让战斗精神保持最高昂的状态，总之，让身体的每一部分都展现魔鬼般的神态。这是和谐的，尽管不太优雅。

思想和情感具有无数的种类和样式，机体的各个部分在姿态和动作上达到了统一，因此和谐与优雅在人体和表达上达到了最大的完美。此外，要表达的意思是直接和生动的，与情感相互联系。无论情景是真实的还是想象的，情感都可以为所有人所理解且在类似情景下被感受到。

希腊人或许是最早在其雕塑上感受到并表达此种和谐和优雅的。至少在此领域内，他们的艺术作品无论在数量上还是质量上都很卓越。优雅源自身心的完美平衡，内心没有因激情或暴力而失控，而是平静且有力的，甚至是沉默的。凭借自控的能力，灵魂融入身体，并通过面孔、躯干和四肢适当表达。

静态优雅的实例见《收紧斗篷的多里安少女》，此作品被称为"拉丁姆的提比戴安娜"。作品令优雅姿态的所有属性随时准备投入行动。她用右手大拇指按住肩膀上的领针，左手紧握斗篷一端；她用右脚支撑身体，左脚用以保持身体平衡或准备前行；她的头部优雅挺直，似乎正在等待即将到来的追逐的号角声；她的衣服稍有皱褶，却尽显完美身材的匀称曲线；我们还能看到她贝壳般精致的耳朵、迷人弯曲的秀发以及手指、臂膀和胸部的优雅曲线。

另一幅画则更加生动，是深受人们喜爱的《米洛斯的维纳斯》。虽然双臂缺失，这尊雕像仍然被视为希腊艺术的杰作，展现了形式和特征的宁静魅力，是一件从未失去美妙的至高作品。阿芙罗狄蒂雕像矗立在卢浮宫明亮的灯光下，在红色帷幔的映衬下，人们感觉这座雕塑是采用大理石塑造的和谐和优雅结合的最完美实例。

《萨莫色雷斯的胜利女神》也是展现优雅的实例之一，此优雅非静态，而是活泼、雀跃的。在打败埃及托勒密的胜利军舰上，胜利女神降落在马其顿旗舰的舰首。尽管头部和手臂已经失去，但翅膀仍在。在这里，我们看到的优雅是盛大的，而非静止的。从身体的每个姿态，甚至在帷幔被风吹出的褶皱中，我们都能看到欣喜的表达，感受到传送好消息的人所讲述的希腊人的凯旋以及敌人的恐惧。

现代世界确实在寻求和谐和优雅，尽管人们并不能总是找到它们。家具之间不能彼此和谐，因此经常陷入混乱。红木被赋予使命，橡木背靠柳条，藤条和镀金相衬，壁纸的配色可能自身不和谐，也可能与家具、地毯和木制品不和谐。很少有人有足够的想象力，可以使在不同的时间随意挑选的物品在同一间屋子内相聚时保持应有的和谐。服装、音乐和诗歌上的不和谐是多种多样的，另外大自然还会存在许多人为的不和谐，例如，火烧或砍伐破坏了森林，建造水电站造成瀑布干涸。

一个鲜活的人的思维可以对四肢进行完全的支配，给其带来舒适感和满足感，同时也为欣赏者带来审美愉悦。从艺术舞蹈《运动的诗歌》就能看到此种最高水平的完美。它在日常生活中可能是更重要的。如果一个人能优雅、流畅地完成某些琐碎的工作，从而激发欣赏者甚至表演者的审美愉悦，此种劳动将从乏味工作提升至艺术层面。

混乱的思想不能合理地指导面部表情、躯体、四肢或手脚，抑或因为躯体与神经系统缺乏协调而不能执行思想指令，此时就会显得笨拙。蒙台梭利[1]思想中最好的原则是通过

---

[1] 玛利娅·蒙台梭利（1870—1952），意大利女医师及教育家。——译者注

身体训练促进肌肉和神经的协调，这样能让孩子灵活使用其手指，不管是在地面上还是爬楼梯，都能踏实、优雅地走路，甚至平端盛满液体的碗碟而不溢出液体。对于身体训练，舞蹈无疑是最成功的方式，它能让身体更加优雅。心理训练同样重要，通过心理训练，在特定情境下完全拥有自己思想的人不会在思想方面表现出拙笨。只有思想处于一种新的，或许有些窘迫的情境下时，拙笨才会表现出来。惠蒂埃的《赤脚男孩》表现出在其玩耍或从事熟悉的工作时的快活和优雅，他会从新的意外情境下合理调整自己的身心，尽管这会让他迷惑和不自然。

大多数青少年在快速成长的过程中或多或少会因为笨拙经历一些尴尬。应避免两种危险——一种是阻碍身心协调能力的发展，另一种是过早地培养上流社会的优雅。

二、美的形式等级

哈特曼提出，多数缺少含义但使感官愉悦的事物（例如，单纯的色彩片段）逐渐向以具体独特的方式体现明确思维、观念或意义的事物（例如，《望楼上的阿波罗》或《西斯廷圣母》等作品）转换，我们应对这种转换进行清晰阐述。在阐述对多样化的统一时，正如在考虑颜色和色调和谐时所见到的一样，古人已经认识到上述区别，因此这些认识对于教师和学生在美的鉴赏方面具有较高的教育意义。

根据哈特曼的思想，形式美应基本具有六个方面，或以多种方式将一般感知意义进行充分、具体的美学体现。这些方面不仅存在于其自身，在分析事物的美时，还能形成必需元素。如鲍桑葵①所说，最初会存在疑问，是否任何美感不会简单与重要意义建立联系。"美感的最纯粹萌芽似乎暗示刺激和意义之间存在区别。"

现在我们来分析哈特曼提出的"形式美的六个方面"。

1．感官

如果能区分纯粹感官认同的事物与审美认同的事物，对于一些感知（如气味），不仅是玫瑰的芬芳，甚至与生活、实际或想象中的愉悦体验相关的芬芳都可产生美学愉悦。同样我们可以想到，诗人描述破碎花瓶萦绕的玫瑰香味、海水的咸味、树木的味道、明火的烟味、新犁耕地的泥土味等。饥饿的人对熟肉片香味的愉悦感似乎不具美感，除非香味能使人联想到

---

① 《美学史》，第8页，麦克米伦公司，纽约。

节日餐桌上的一张张笑脸,或使人联想到饥饿以外的其他情感。

睡衣柔软的触感、花瓣的娇嫩、毛皮的柔软和精细打磨过的家具的光滑，这些触感也能带来审美享受；冷浴后浴巾适宜的粗糙度不能视为审美享受，只能视为物理享受。

在此方面，声音与气味和触感类似。即便简单的声音也能带来美学愉悦，其审美价值似乎依赖于其与自然或生活意义联系的紧密度。鸟儿的简单鸣叫可衬托表现同类、鸟巢、雏鸟以及周围所有美丽的事物。音调越多、越协调，传达的审美享受越多。只要其他干扰不明显，音调的组合都会产生愉悦感。

能激发审美感情的明显感官印象，即使与其意义相去甚远，仍可在不同颜色或组合中体现出。风景中，日出、日落、蓝天、大海以及不断变化的颜色都是审美享受产生的源泉。

以下诗句中阐述了红、蓝、黄三种颜色的美学价值体现。色彩协调可以以类似的方式阐述：

RED

(Sonnet)

The garnet's deep clear red in fire-light play,

The ruby's bright and flashing gleam, beside,

The red hearth-fire, where mirth and love abide,

Compete with reds in autumn's rich array.

Far shine the reds at sea that mark the way —

The beacon lamps, the larboard lights that glide,

But most the blood-red sun that all the tide

Incarnadines and, setting, ends the day.

O rare the flush on sky in morning light,

With streaming crimson bands spread wide and high,

And rarer yet at eventide the sight

When glowing clouds adorn the western sky!

But heaven's great bow has red of brightest hue,

When past the clouds and rain the sun breaks through.

BLUE

There's plentiful blue amidst all the green;

For blue are the jays that chatter and preen,

The bluebells all sway by breezes caressed,

Blue-tinged are the hills that border the scene,

And bluebirds watch over the young in the nest.

In the woods of the North

Where the heart loves to be,

O'er the blue on the ground

Fits the blue in the tree.

O'er waters of blue where soft breezes blow,

With sunlight above and shadow below,

My boat sails the bay, with naught to annoy,

For two that I love sit close as we go,

With laughing blue eyes that mirror my joy.

Far away to the South,

Where the warm tropics lie,

There the blue of the sea

Is the blue of the sky.

YELLOW

Yellow of blossoms that come in the spring,

Yellow of sunlight that autumn days bring.

Yellow the corn and yellow the sheaves,

Goldenrod yellow, and yellow the leaves;

Landscape through haze, when apples are mellow,

Over the earth a mantle of yellow !

Brightest of yellow that ever was seen

Blended with blue is mother of green,

Mother of orange when mingled with red;

But orange or green, though fair, be it said,

Never for cheer can rank as her fellow;

Queen of all colors, the color of yellow!

参考译文：

红色

（十四行诗）

石榴红深邃明亮，

红宝石晶莹闪耀，

炉火红热情欢畅。

秋天的红色迷人绚烂。

航标的红色指明路航——

左舷的红灯滑动而过。

当血红太阳要落山之时，

潮水被映红，一天结束。

清晨到来之时天空偶尔会霞光绯红，

红色的条带在天空延伸远方。

日暮时这样壮丽景观更少见，

特别当火红云霞出现在西边天空！

当风雨过后，太阳重新普照大地，

宏大的苍穹显现出最明亮的红色。

蓝色

万绿之中蓝色最为惹眼；

披有蓝色羽毛的松鸦，

一边鸣叫一边打理自己的羽毛，

会开蓝色钟形花的野风信子，

随微风不断摇曳。

远山用蓝色线条勾勒大地的美丽。

蓝色的知更鸟看守着巢内的幼崽。

北方的森林中，

一颗心向往着广袤的蓝色。

大地之蓝，

映衬着森林之蓝。

清风吹过，水面泛起蓝色的波光。

阳光当空普照，万物留下自己的阴影。

我的船行驶在海湾，我无拘无束。

恋人与我并肩而坐，

她那蓝色的美眸让我沉醉、喜悦。

驶向遥远的南方，

那里就是热带。

有蓝色的大海，

有蓝色的天空。

黄色

春天，黄色花朵绽放。

秋天，金色阳光明晃。

金黄的稻谷，成堆成垛，

黄色的毛茛叶，舒展伸长；

尽管景色婆娑，

苹果树的枝干，柔美妙曼。

大地金黄，辽阔弥漫！

从未见过如此明亮的黄色，

黄色混合蓝色会形成绿色，

黄色混合红色会形成橙色。

不管橙色或绿色，都由黄色形成。

都为人们带来愉悦，其他颜色都无法企及，

因为黄色才是万色之王！

钻石的晶莹、宝石的璀璨、金属的光泽、织物颜色和阴影的交汇和融合，都会给我们带来愉悦。

如果认为颜色只有出现在绘画或自然中才有意义，那就错了。颜色在日常生活中具有无限的美学价值，它在许多方面都影响着我们，例如，我们的服饰穿戴、家具和墙壁的色彩、食物和器皿，房屋室外装饰、步道、花坛、绿化景观等。审美愉悦也是一种财富的拥有，例如它体现家藏艺术品的价值，所有人都可以看见颜色本身，但颜色带来的愉悦需要通过对欣赏能力的培养和颜色效果的创造来获得，因为颜色代表的意义不尽相同。眼睛能让人类获得自然馈赠的"礼物"，自然中的各种颜色能让艺术家激发灵感并分享领悟。

如果某人教会孩子们在他们只看到一种甚至一种也没有的地方看到了两种美丽的颜色，他就是这个民族的恩人，尽管没有付出金钱或价格，但他为他们贡献了（精神）财富。

2. 数学（比例）

本节内容让我们了解：在事物被认为不具较高审美价值甚至根本不具审美价值时，如何从中发现美。除了已经提到的感官属性外，工具、机器、家具、餐碟或房屋能否存在美？答案是肯定的。和谐比例产生的并与功能相关的美非常重要，但经常被忽视。

一座完美的建筑由哪些因素构成？材料很重要，能赋予建筑持久的性能和绝美的颜色，但仅有材料肯定不行。仅有装饰亦不可行，搭配失调或与功能产生偏差都会使建筑怪异或荒诞。还要考虑比例问题，例如，长度与宽度、高度的比例；孔洞数量、布局、形式和尺寸的比例；屋顶、房檐与墙壁的比例；烟囱、塔楼、塔尖、悬空物或凹陷自身与整体之间的比例。只有所有这些比例和谐搭配，才能使一个建筑成为真正的建筑；只有形式和功能相符合，才能从建筑中获得审美满足感。并不是建筑的每一部分都要准确符合比例，但在整体上建筑结构要与周围保持和谐。许多建筑其本身是完美的，因其周围存在与其不协调的建筑而使其完美性受到破坏。纽约的三一教堂、老市政厅在摩天大楼的围绕下显得格格不入。如果适合建造在丘陵或山地的房屋却建造在平原地区，就会与周围环境不协调，同样，适合热带地区的建筑则不适合建造在北方地区。

然而，建筑一直被视为一门艺术。在结构领域里，建筑与实用艺术关系非常紧密，我们会发现建筑几乎被视为一个未被发现的美学领域，这里汇聚众多工具、机器和产品。事物拥有的审美价值经常被人们忽略，原因是人们习惯于间接发现美丽，而这些总是悬挂在墙上或装饰在博物馆内，抑或只不过私人收藏。此外，多数观察者没有学会如何发现真正构成产品内在美的要素。工具和机器缺少华丽的颜色和丰富的内涵，无法彰显人类命运的情感，它们被认为只是平凡之物，也许并不难看，但无论如何在美学上都是无关紧要的。这些事物的美在于其完善的比例，与所要完成的功能相结合。颜色、修饰、装饰仅仅是附属品，这可能会也可能不会提高事物的审美质量。人们有时认为，要使一张桌子的桌腿更加漂亮，就必须把桌腿做成螺旋、弯曲形状或进行雕刻。但是有这种想法的人正以错误的方法发现美，纯粹依赖奇异的装饰而忽略了重要的东西——在功能方面的比例均衡意识。

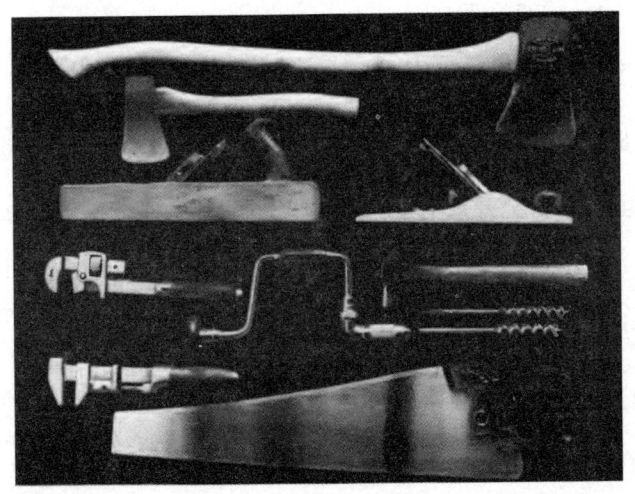

图1　工具的比例美

现在就以下几个方面进行阐述：

论点

机械效率和美学比例之间确实存在关联，可能也是必要的关联。换句话说，随着工具或机器整体效率的提升，它在比例上的美学品质也会相应提升。

为了充分地论证这种表述，有必要区分那些在功能复杂性方面有小幅内部提升的工具和器具，以及那些在操作量和复杂度方面表现出增加的机器。

（1）工具和器皿

①斧子（图1）。斧子的基本功能几乎未发生变化，从最初的具有圆形直柄的铁楔不断发展，它的效率越来越高。如今，虽然事实上并没有通过科学程序进行验证，但美式斧头无疑是现存最美丽，也最具效率的。被称为有史以来人类进行的最伟大的运动成就是将美洲大陆的大部分森林砍伐殆尽。这个过程已经持续了四百多年。作为一种切削工具，对斧头的改进一直在缓慢但坚定地进行着。其中，铁匠会在锻造斧刃、斧头和斧眼时总结锻造理论和经验，尽管也会经历一些事故。工匠会选择胡桃木为斧柄，使用斧子或刮刀使斧柄粗略成型，再使用小刀、砂纸及碎玻璃对斧柄进行打磨，在这个过程中，同样的因素也会对斧柄制造者产生影响。笔直的原木被制成一个

具有优雅曲度的斧柄——柄身微扁，能让使用者牢固握住斧身；直径适合，能让使用者舒适握持；曲度合理，让使用者尽量舒适而有力地发挥最大劈砍幅度。一个整体所构成的均衡完美，不仅在于具有漂亮的比例，还在于高效的动作。斧刃的圆弧有利于斧头轻松劈入木材，又能轻松从木材中取出；同样道理，斧身前后要稍细一些，可令斧头产生较大劈入力和较小的束缚力。斧子的头部要足够大，并与斧刃保持平衡，如插图所示，可做成方形方便锤击，也可做成圆形。

②活动扳手和可调管扳手（图1）。它们具有不同的功能和外形，但是两者都很高效且外形美观。活动扳手的可调节钳夹一般为矩形，在末端方向存在斜度。背面内钳夹比外钳夹头部稍短。扳手头部锤击部分具有圆角，不会产生钩挂或牵扯。螺栓令钳夹具有活动性，它突出手柄可对手掌起到保护作用。此类工具的作用为扭动矩形或直面螺母，可合理调整应对繁重工作。扳手应具有足够长的手柄，实现足够的扭转力矩，抓持部分采用木材和金属的混用材料，减轻工具的重量，提高工具的强度，还能提高握持的舒适度。

可调管扳手的夹紧装置具有可调节性，用于扭动管道，因此头部亦为圆形，也不会产生钩挂或牵扯。采用这种设计，管扳手的活动钳夹可比活动扳手承受更大张力，它不是固定的，可牢固夹紧管道。活动钳夹的螺纹杆不需要圆形端头，特别是当叉钳少许开启，工具的整体质量分布可能产生某些美学不适感。尽管上述两种工具都未按照美感物品进行设计、制造，但均具有合理比例和弧度表面，并拥有较大强度、效率，可增添工具的整体使用价值。

将如今已经改进的这些工具与早先笨拙的工具进行对比，会让观察者信服，遵循美学上的比例同样能增加效率。

③锯（图1）。如斧子一样，锯同样在效率提升和形式优化上不断发展。该工具由带有凹齿的金属薄片和粗糙手柄组成，同样具有协调的美感和较高的效率。锯片应具有足够长度，使手臂能充分伸展，另外，从端部到尾部不断增加锯片宽度，避免锯片在遇到阻力（如节疤）时出现弯曲，确保能传递较大力量克服阻力。这种渐变的宽度与平滑曲线类似，是一种能妥善增加工具强度的自然轮廓，严格地说，也是一种美。锯的尾端圆滑，不仅仅是为了美观，还是为了防止牵扯或破坏材料。锯背面的曲线形状保持功能性的同时，增加了锯片的美感。锯柄的精巧制作完全符合其使用功能，能从尺寸和方向上提供牢固的握持，还能从上侧、下侧和前部保护手掌。开孔前侧的凹槽似乎只是为了装饰，但实际上通过使用发现，此凹槽可为中指伸出关节提供空间。手柄前部弧形线条不完全是为了

装饰，手柄上部、中部和底部凸起是为了安装固定锯条的铆钉，同时也可增加木料部分的强度，两条流动曲线可降低锯条通过所锯对象时手柄对通道产生的反向力。工具很少有装饰特征，尽管可稍微提高工具的整体美感，但这并不是构成该工具的主要部分。锯条为钢制，只要未用坏或锈蚀坏，仍具有美丽的外观。沿锯条上边缘存在四分之一英寸的纵向装饰花纹，这部分也具有一定的功能。第二个铆钉的顶部至左下侧的铆钉也具有装饰性，用于设置厂家商标，即便锯条上的商标在使用过程中磨损，此处的商标仍然持久可见。

通过审美教育，锯工应该能从日常使用中获得乐趣并维持工具的美感。

④刨。比较一下父辈使用的木刨与今天美观的铁刨。前者有一块长木块用于安装刨刃，刨刃通过木楔固定，通过向下敲击使刨刃处于合适的位置，在两侧敲击使刨刃两侧能均衡削割，手柄比较粗糙，而且高出刀刃很多。该工具效率较高，外形并不难看。然而，铁刨从线条上看更加流畅，使用中更加高效。刨刃通过美观的铁楔进行机械调整和固定，铁刨顶部的弯曲指状元件不是装饰物，当然也可能具有装饰效果，但它确实可控制刀片。推杆在顶部存在弯曲，不会妨碍操作。刀片后部的调整螺钉占据了无用的位置，设置整洁，还为此部分刨体添

加了少许色彩。手柄设置较低，可更好地支撑手臂进行繁重的工作。侧面的曲线不是为了美观，前侧中部稍高，可牢固支撑刀片，两侧收回可为手部提供空间。底部为波纹状，可使该金属不被束缚在通过的木材上。

⑤手摇曲柄钻。通过这里的例证，会发现功能效能的提高实际与美学比例的优化存在关联关系。曲柄可在五金店买到，通过钻杆上的锥形端加持钻头。为了能容纳钻头，曲柄的端部要足以夹持钳夹，或钳夹要凸出曲柄的端部，因此外观会难看一些。此外，即使采用市场上最好的夹具，也很难确保端头能与曲柄的端部保持直线。因此，只有娴熟的工匠才能在木面上呈垂直钻出孔。

然而，如图1所示，一个新的曲柄可安装一个直的圆柱轴柄。轴柄在端部具有凹槽，在此曲柄端部的机械以相应刀片或驱动相配合。如此，曲柄具有一个美观的头部，可实现对钻头的自动调准。因为采用自然方式制作，此工具使用简便，可在木材表面垂直钻出孔洞。一些老式曲柄采用对称的轴柄，均垂直钻头轴线。毫无疑问这里考虑到了对称性。我们观察到，如今的钻头其轴柄前部的支杆与钻头的轴线和曲柄头部保持垂直，但后部支杆则未能保持垂直，这是为了更好适应手臂。在实现功能方面，这是一种和谐，在前部的对称性上优先考虑美学设计，尽管在一定程度上有损功能。对曲柄外露的金属镀镍，这既考虑了装饰性又考虑了实用性，有助于优化工具的使用体验，还能提高工具的耐用性。

⑥锤子。锤子可用于许多目的，因此在重量、尺寸和形状上存在很大差异。图1所示的轻便家用锤子或许不是最美观的，但相对于其前代工具，它兼顾了效率和美观的双重优点。羊角部采用优雅弧度，高效撬动钉子不成问题。或许，现代锤子最大的改进是头部向内凸出，能与手柄更坚固连接，同时加强其强度，这样锤头不会轻易松动或破损。既增添了美感，也提高了使用效率。

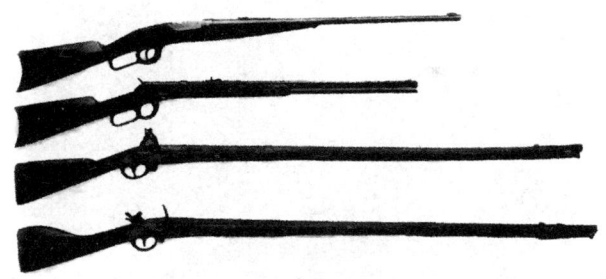

图2　燧发枪和现代枪

⑦枪。图2最下面两支枪是两款火石枪机毛瑟枪，一支产自大革命时期，而另一支产自1812年。两者均具有一定的效率，近距离具有较大杀伤力，在外形上比之前的枪支（如燧发枪或老式大口径短枪）更美观。最上面的两支枪为威力强大的

现代来复枪，采用改进金属材料、后装载机并提高无烟火药威力，因此具有更高的效率。

图3　早期的汽车引擎

图4　最新的汽车引擎

此外，现代枪在扣动扳机后瞬时发射，采用火石枪机的老枪扣动扳机后需要稳定托举，等待火绳、火药燃烧，然后传递火焰至炮筒的火药，看到火绳发出闪光后，士兵可做出躲避火石枪机老枪的动作。但在现代枪支前则没有这个机会，闪光仅在枪口出现一次。

没有必要对旧枪和新枪的外观做更多区分。很显然，后者结构均衡、线条优美、外观漂亮，而老式枪则截然相反。

（2）进行内部开发的机器

正如我们所看到的，工具可以精工细作，但其功能简单，在零件复杂性上很难有所发展。锤子仍然是锤子，斧头仍然是斧头，锯还是锯，甚至数百年之后，仍然如此。然而，机器却并非如此，比方说收割机，拖拉机，发电机，输电设备，印刷机，缝纫机，刨锯机，生产螺栓、螺钉、钉子的机器，等等。

对机器可进行三方面的试验：可靠性、能力和功率。

①可靠性。是否能靠机器顺利、省时地完成工作？缝纫机是否能完成缝纫工作，或出现丢针、松扣甚至无法完成工作的情况？当人们选择开车出行时，汽车是否能让乘用者按时到达目的地，或按其功率返回？一台收割机或自动机器是否能稳定发挥其功能直至报废？

②能力。在给定的时间内，机器能做多少工作？一台自动机器是否能替代五人、十人、百人或千人？在一定条件

下，机车每小时能行驶多少英里[①]？脱粒机每日能打多少稻谷？

③功率。机器完成一定量工作需要多少能量？机车燃煤的热值是多少？或许仅有3%—5%。落水的发电效率是多少？达到90%甚至更高。

因此以下观点是成立的：随着有用性大幅度提高（可靠性、能力和功率），比例之美也会相应提高。

产生上述事实的原因如下：首先，按照旧的方式应用新的原理，会导致笨拙。例如，有轨电车最初采用老式马车车厢；几年前的汽车车身采用马车的设计；内燃机按照蒸汽机外形制造；排字机按照人类的方式排字和布字。然而，这些无用的模仿渐渐被抛弃，机器按照其本质和功能进行构造。之后，机器结构不断简化，可靠性和效率更高，逐渐接近其最大能力。在此阶段的产品最为美丽。老式马车车厢变为卧铺车厢，无马马车车厢变成了采用线条设计的现代汽车车体，汽车引擎设计更加美观，机器设计几乎完美。或许促成上述改进的另一个重要原因是——无助于增加机器有用性的装饰形式逐渐消失，例如花哨的颜色，无用的弧度、歪曲、隆起等。如果见

----

① 英制长度单位，1英里≈1.61千米。——译者注

到第一台雷明顿打字机，会发现该设备装饰有玫瑰花、花环纹饰和少女肖像。然而，如今的机器遗弃了这些多余的事物，但操作人员会欣赏到更加优雅的外观。采用的颜料和材料更注重使机器保持高效、耐用。新式打印机的美观不体现在外部装饰上，而是在于和谐的比例，同时设备功能更加完备。旧机器采用长杠杆和绳线来移动受动缸！绳线和玫瑰花纹！他们通通不能协调搭配。

火车机车和汽车引擎可进一步解释机械比例之美和机械效率之间的关联性。

（a）火车机车。在我们看来，早期机车的形式看似奇怪，但相比它奇怪的形式，它的效率更低。这很容易从1813年的蒸汽火车和1830年的英弗他机车看出。1837年英国生产的"大力神"机车尽管还是很粗糙，但已经有一些现在机车的形态了。图6展示的机车为南北战争时期的伍德福德号机车（1862年），巨大的烟囱是那个时代的特色。该机车不再像描绘的那样效率低下或粗糙，它在锅炉另一端的驾驶室表现出一定的均衡协调。然而，汽缸排汽需要进行强力通风，导致巨大的烟囱没有了存在的必要，因此不再具有美学适用性。另外，随着机车尺寸变大，桥梁下已经没有足够空间容纳烟囱。图7展示了一列巨大的货运机车，由鲍德温机车公司为西

图5 蒸汽火车、英弗他机车和现代客运机车

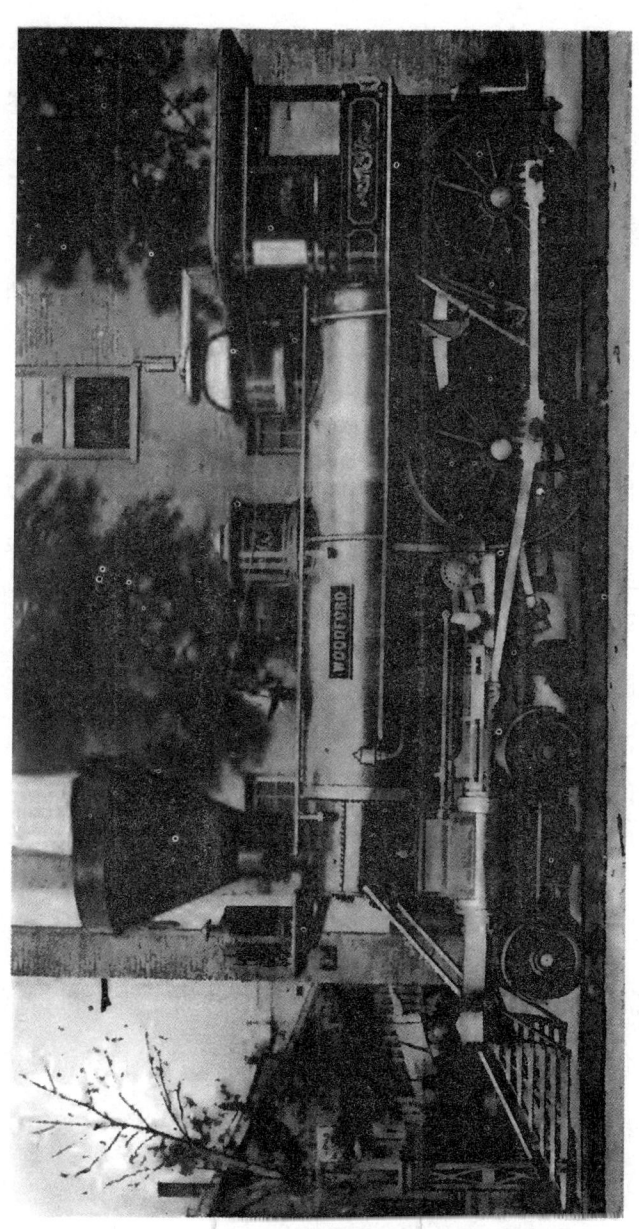

图6　美国内战时期的机车伍德福德号（1862年）

北铁路建造。货运机车具有两组驱动轮，看似具有巨大的功率。虽然可能不像轻型客运引擎那样吸引人眼球，但上述货运机车采用了整洁的线形外观，使最高的实用性与比例之美共存。除了能提高实用性的装饰，则没有其他装饰。

（b）汽车引擎。图3和图4所示引擎进一步验证了功率和美观存在关联性的主张，这些机器已经在内部进行开发，机器零部件自始至终隐藏在防护罩之下。如果引擎一直隐藏在机盖之下且能满足可靠性、能力和功率的要求，那么谁会在意它的外观？机器当前呈现的美，对于重视比例的人来说，几乎不能是设计者的最初目标，尽管每位艺术工匠都喜欢创造美丽的事物，但那一定是追求简化的自然结果，且这种简化有助于提升功率和美观。为什么之前的汽车引擎那么粗糙、不可靠、低效、丑陋，而如今的引擎更加精致、可靠、高效和美丽？

（c）其他实例。还可以从其他事物上进行分析和验证，例如，缝纫机、洗衣机、钢琴、风琴、格拉福风留声机、枪炮、盒式磁带、各类汽车、犁、收获机、脱粒机、汽车车体、货车、车厢、播种机、划线机、印刷机、自动机械或半自动机械。

图7　西北铁路的大型货运机车

（3）时尚与艺术

我们要从时尚或艺术中选择其一还是两者兼顾？时尚是由艺术改进的，还是时尚引导艺术？

上述问题的答案在以下方面是非常重要的：服装、家具、餐具、家居装饰（例如，墙纸、地毯等）、房屋建筑，但在其他艺术领域上，受到时尚的影响则没有那么多。

首先应该指出，服装和家具方面已经发生了巨大的变革，当然艺术领域也是如此，这些都紧随思维和社会意识的发展而发展。与自然界的进化相比，此种发展或多或少与生存条件存在密切关系，也与自然的合理性和便利性相联系。如果男人穿裤子，女人穿裙子，人们可以认为这样穿戴有充分的理由，如果期望仅仅靠审美探讨就能彻底改变这些习惯，那就太天真了。士兵头饰的左侧装饰羽毛，无疑是因为放在右边会妨碍舞剑动作。头饰的羽毛装饰在左侧一旦约定俗成，似乎没有理由解释为什么要转移到右侧,即便战士的武器由刀剑变为枪炮。

但在自然进化的各个阶段,有很大空间包容各种形式、材料和颜色,这样时尚就有了流行和盛行的机会。人类学家认为,装饰物(例如文身或饰品)源于人们追求进步的本性,装饰物是区别赤裸的野性和文明的手段,或是增强个人吸引力或个性的方式。就像今天在迈阿密街头所见一样,佛罗里达的米诺尔女人脖颈上的念珠从下巴一直垂到胸骨。赫伯特·斯宾塞①1860年关于英国时尚教育的嘲讽——除裸体之外,如果在身上佩戴装饰,那就只是为了装饰和赶时髦。

斯宾塞还指出,追求时尚存在两个主要动机:(1)尊重和敬畏所模仿的人,如国王、朝臣、女王、贵妇女仆、将军、政治家;(2)希望与所模仿的人保持平等。在舞台上,人们希望自己的穿戴更像国王,抑或更像绅士。通过模仿女主人的帽子、手套和装束样式,女仆期望能与女主人获得平等地位。

时尚有时发展到极致,甚至会纠结帽子、衣袖和裙子的尺寸。在这样的时期,追求时尚的人们会受到那些保守公共道德的群体的责难。牧师偶尔严词谴责偏激的装束,立法者有时

---

① 《教育》,第一章开始部分。

也会针对此问题立法。这些努力在出发点上是积极的，但在实施上效果不佳。柏林一名电车车长被长帽针刺伤眼睛，于是推出一项法令限制帽针长度，并规定在尖头上设置纽扣。还有人声称长羽毛会骚扰到附近的人，因此要求获得法律补偿。看戏的人有理由希望女人摘掉帽子，尤其是当这些帽子很大时。

有时，一些令人讨厌的时尚会被抛弃，因为追随者会受到大众的谩骂，比如刽子手穿着令人讨厌的装束，或罪犯在被执行死刑时穿着这种服装。但可以断言，在这个问题上，嘲讽要比谴责好得多。如果时尚使得追随者看起来更加荒谬或丑陋，那么它一定是短命的。

因为时尚已经深深根植于种族的社会演化中，如果没有遭到抨击或嘲讽而彻底废止，那么就要问一下是什么使其保存下来或表现出优势，答案是艺术。不管时尚产生还是消逝，艺术一直存在。这意味着，每件装束必须在美学上适应穿戴者的职位，在纹理、质地、样式和颜色上与穿戴者的个性相协调。从美学角度考虑，护士的长袍可用作舞会礼服，尽管两者几乎不会调换（除非在化装舞会上）。艺术还总是考虑到时间、地点和环境。猎人的装备更多地出现在森林中，但如果表现出城市中的社交功能，则不尽合适。

据说，美国富裕阶级的女性是世界上着装最漂亮的女性，因为没有女人能像她们一样创造时尚以满足其丰富的个性艺术需求。不管我们是否相信，这是足够真实的。无论如何，学校中的审美教育应尽量让学生培养良好的品位和全面的审美能力——改变事物状态的倾向。如果帽子流行的样式不美观，例如，让人看起来"矮胖"，那么这种样式会被无情抛弃。某种时尚产生的商业利益会很快推动生产适合此类个体的产品。一般来说，追求样式的风尚会最大限度考虑颜色。在非洲中部，所有人的肤色都是黑色，艺术可一次性确定合适所有人的美学颜色组合；但在美国，任意两个人的肤色很有可能不尽相同，一蹴而就的事情明显不可能。所有色调、颜色、阴影和色度都要发挥作用。颜色无穷无尽的组合为其应用提供了广阔的空间。因此，我们的学生必须在审美上获得足够的教育。

3. 动力

哈里斯博士认为，在希腊艺术中，当形式和内容平等存在时，美就会显现。如果内容能够激发审美感情，那这个观点就一直正确。空灵、真挚的抒情诗是美妙的，希伯来人歌颂造物主的庄严诗歌亦是如此。小曲调的精妙演奏会引发愉悦的感叹，或者当某个迈克尔·安古洛的雕塑作品被神的手指触碰过，能展现生命内涵的涓流就被注入亚当的新创机体中。我们已经发现美的两个主要元素：感官美和协调美。第三个元素为动力，接下来我们对其进行讨论。

"动力"一词意为发生作用的力。动力自身可能不会产生美感，但配合其他元素则可以实现，至少能增强美学效果。某些情况下，动力可能更接近壮美，特别是当它使人产生敬畏和恐惧时，如尼亚加拉河的波涛汹涌、龙卷风或风暴的惊人力量。

看一下货运机车的图片，想象一下机车的威力——两套汽缸和两组驱动轮（总共十六个）、巨大的重量和蒸汽产生动力，想象一下工作中的巨大引擎，可牵引看不到头的车厢。如果没有充分利用动力的想法，机车将一无是处，无非是一堆铁壳子。破浪前进的巨大轮船、钢铁厂巨大的起重机看似脆弱的结构竟然能吊起几吨重的钢条，巴拿马运河上矗立的巨大船闸亦是如此。在较小的程度上，自然中会呈现与此类似的现象，狮子、老虎、灰熊、大象、巨蟒多会爆发拜伦所说的"令人心悦的恐惧"，此种描述仅是诗人对动力效果的表达。一匹训练有素的良马，硬朗的骨骼和强壮的肌肉可激发人们的钦佩，但同时也引起恐惧感。人们钦佩运动员，是因为他们体态的优雅和匀称，如果运动员矫健的形体不能使其产生巨大的动力，人们对运动员的美的感受将会降低。

如果人们将山峰视为冰川、河流、森林、雪崩和洪水的源头，那么山峰也是动力十足的。河流的魅力在于它勇往直前地汇入海洋，拥有冲击尽头的毅力和打破规则的魄力。

4．装饰

哈特曼认为装饰具有被动目的性，毫无疑问，他认为美的元素有利于表达思维和功能，但实际上不是必需的。再次观察锯柄（图1）上的雕文装饰，尽管手指接触的部分可增加握持力度，但前半部分则没有这个功能，仅具有装饰性。然而，引入这种装饰物不仅是为了装饰，而是实现某种目的的自然结果。被动目的性可正确阐述其本质。锯片顶部的具有刮痕的条带可对锯齿边缘进行均衡。但从功能上考虑，这是不必要的，如果是合适的装饰，则是合理的。这不同于早期打字机上刻画的玫瑰花和花纹，仅仅是为了好看，因此是无关紧要的，不具有目的性。

纯粹的装饰和装饰性制造之间存在差异。有一类装饰是虚浮的、存在侵扰的，因此一般比较粗俗；另一类装饰是自然的、合理的，可以激发审美愉悦。装饰性制造的实例可见图1所示的工具以及图2的枪支，例如，钻头螺旋凹槽、曲柄的弧度、曲柄顶部的网纹（可有助于加持钻头）、斧柄和斧刃的曲线、锯或刨手柄的曲度、现代枪支的木件和铁件具有曲度的表面。

俗人的弱点是过度装饰。例如，查看任何大型邮购公司目录上的家具图片，人们会发现无意义的曲线、扭曲及螺旋，这些曲线本应设计简单，比例正确；六美元摇椅的腿脚上装饰着狮爪；雕刻和卷轴、镂空和隆起覆盖着被折磨的木头。室内装饰添加粗野和暴力因素，会呈现可笑、悲哀的场景。遭受这些美学煎熬，美国人会如何应对？为什么房东就应该是牺牲者？就因为他是农民？但是农民的汽车、马车、马具、工具和机器，确实是高效的、美丽的，至少是比例协调的。

如前所说，没有经历内在进化的事物，尤其容易受到美学亵渎。几乎所有的椅子或沙发都能承受一个人的重量，因此其内在必要性不会使正确的比例成为强制要求。正是在这里，丑陋尽显，无所不能地追求醒目、奇异和古怪。但填料却价格不菲。我们面前有三张图片，分别是两张椅子和一个沙发，标价为54.60美元。低级趣味绝对与屋子中朴实、镀金、坚固银器或精致瓷器格格不入。如果教师不能提高学生区分这些怪异的装饰的品位，那还能做什么？

这些物品是因为机械制造才如此丑陋的？错，不要用这样的想法来蒙骗我们。整个问题纯粹为心理层次的——商业所迎合的未受教育群体，这些人要么蒙昧无知，要么品行不端，对他们最轻的处罚应该是让他们住在美学没落（他们自己创造）的房屋中。

房屋中所有器具的装饰，例如炉灶、缝纫机、地毯、墙纸、床架和桌布，具有相同品级，可能会稍有偏差。当一个人踏在地毯上，或者看到墙上的园艺花园时，为什么他看起来似乎是走在华丽的花丛中呢？雕饰无意义的花纹或凸凹有致的炉灶，采用其烹制冷藏的鸡蛋和禽肉，是否能减轻它们的悲惨？这些物品应该抛至垃圾堆中，或与其他刑具藏在博物馆中。

装束的粗野不像家居用品描述得那么过度。如果一个家庭的房屋会让家人看起来不堪，那么其他家庭不会立即看到这种对比；但如果过度装饰的装束与品位高级的装束一同出现在众人面前，那么对比就是明显的、即刻的；如果对比太过悬殊，且出现在相同等级的人群中，那么对比的效果就是压倒性的。怜悯、蔑视和嘲讽会产生有益的教育作用。但这是一种"病态的处理"，应该通过合适的教育阻止其发生。孩子应该在学校接受训练，学会如何欣赏，如何使用颜色和形式，至少在高中，他们的颜色搭配以及装束品位将与语法、发音和措辞一样正确。一名优秀的高中学生一般能准确地讲话，但他可能不能做出审美搭配。

装饰的流行往往会像流行性感冒一样蔓延，不会仅局限于某一国。一幅德国卡通图片描绘了一个家庭妇女正在对家中的物品进行装饰：杯盘、灯罩、婴儿奶瓶、杯子、椅子、桌子、墙壁，甚至头发和面孔，连年迈的祖父也不例外。如果是短暂的，这些辛劳或许不会产生什么害处，但如果一直保持下去，那么这名妇人家中的装饰就是不协调、混杂的。如果汹涌的大海能有助于消化及内心宁静，那么这个房子也行。视觉的不和谐之于眼睛就像钢琴的不和谐音符之于耳朵。

如果装饰真正具有目的并为物品增添美学价值，即使是被动的，也会是愉快纯粹、恒定的源泉。让我们把邮购商店中所有无意义、愚蠢或野蛮的装饰烧掉，代之以简洁、美丽、合适的装饰，此时这片世界将从丑陋的噩梦转为美梦。所产生的美学效果不仅会更加美丽，而且会更加持久且不用付出过高的成本。一种颜色不会比另一种颜色更具价值，一种良好的结构或装饰设计不会比另一种坏的设计贵重太多。材料本身会存在价格差异，例如，廉价的织品几乎也能与昂贵的织品一样漂亮。为了了解舒适对品位的影响，对比一下批量生产的家具和家居用品与大公司生产的男装。后者追求简洁、搭配和正确的比例，而前者则是美学罪过。

橱窗中的美学展示也有利于对公众进行审美教育。如果美被用来增强廉价事物的吸引力，正如现在用美去提升昂贵事物的吸引力一样，教师会发现更容易在学生的内心中定义出高品位装饰的标准与界限。

5．活力

活力也是一种美的元素，与比例及动力存在紧密关系。人、动物或植物的活力可通过实现成就的能力衡量。对于笨拙的动物，例如鳄鱼和河马，因为在比例上存在缺陷，因此不仅动作效率低，而且动作性更弱。当然，如果观察人工饲养的这些动物，上述印象会更加强烈，因为其原生栖息地的主要特点没有充分显现出来。换句话说，体现审美价值的活力必须要呈现，事物就要以它本该呈现的方式去呈现。

强壮的马匹可驮一个人每日行走100英里；猛犬可跟随快速行驶的有轨电车1英里，同时在电车尖锐呼啸中不断吠叫；狮子、老虎或灰熊可用爪子杀掉一只比自己还要庞大的动物；巨蟒可吞下一头鹿；在猎狗轮流追赶下，一只狐狸可奔跑一整天。这些动物以及其他动物会因它们的活力激发人们对其的美学赞赏。人们赞赏植物蓬勃、旺盛的生长，即便农民和园艺家不一定喜欢贝雷称之为的"随意撒种者"，例如蒲公英、牛蒡或牵牛花。

特别是在本性教育上，孩子应学会如何认识和欣赏活力之美，这是植物和动物世界中美的元素之一，另外还要学会从效率和审美目的中发现这些。如果一个女孩真正相信活力是自身美的重要组成部分，那么出于较低层次的审美目的，她还会故意降低活力吗？无论是在美学上，还是在知识或道德上，都存在相对价值。健康比疾病更美丽，强壮比虚弱更美丽，技巧比笨拙更美丽，活力是生命之美不可或缺的元素。

6. 普遍性

美的此种品质特别适用于自然界中的事物，但不局限在这些事物内，因为枪支、武器、装饰、硬币、教堂、寺庙、工具、机器、陶器、地毯、花瓶、塑像等，都可能属于它的一个分类。

因为美的普遍性，几乎任何植物、动物或事物都可唤醒人们的赞赏。即便人们不喜欢其他种族或发展过程中的某些阶段，当画家或雕塑家在我们面前呈现其种族或发展阶段的理想样本时，他们将会支配人们对事物的赞赏，这些人种可能是野蛮的，也可能是文明的，肤色可能是黄色、白色或黑色。矗立在作者儿时家乡的罗克河悬崖上的，著名的印第安酋长洛拉多·塔夫脱的巨大黑鹰雕像就是一个实例。

ON THE COLOSSAL STATUE OF BLACK HAWK

Majestic symbol thou of rude mankind,

When each his ends still fondly sought to gain

By passion's sway, or sacrifice and pain,

Before the dawn dispelled the night of mind.

These fertile farms that broaden on the sight,

Where now the households pass their busy hours,

Were once wide plains bedecked with prairie flowers,

Or swept by autumn fires that lit the night.

Thou stand'st for him who taught his martial band

In camp, in ambush, and in battle's rage,

To hold their hunting-grounds with heavy hand

Gainst swarming foes who sought their heritage.

Of that departed host, Black Hawk alone

Is not forgot — is now enshrined in stone.

参考译文：

黑鹰雕像上的诗文

粗犷人类威严的象征，

他们始终执着于追求，

满怀热情，不惧牺牲和痛苦，

在黎明驱散心中的暗夜之前。

视线内延伸的肥沃土地，

在这里人们已经结束繁忙的季节，

在这里鲜花也曾点缀苍茫大地。

秋天的火焰横扫一切，点亮漆黑的夜晚。

他英姿勃发，训导自己的队伍。

扎营、伏击及对抗。

通过尖锐的利爪，在整个猎场内游刃有余，

勇敢对抗蜂拥的敌人，他们正在抢夺先祖的遗产。

远离自己的主人，黑鹰独自傲立。

永远不会遗忘，千古铭刻在坚石之上。

然而，仅当一个族类以适当形式体现其类别的主要特征时，这个族类才是真正的族类。如果一个人失去了优雅的装饰、强壮的肌肉、执拗的神态，没有充分展示其种族的特点，那么他不会是典型的蛮族。因此，一个族类必须是完整的，也因此是符合审美的。而性能特征则是构成完整艺术表达的必要部分，因此成为艺术表现形式。因为这种完美，阿拉伯酋长保持仪态的尊贵、雅致和高傲，或许在沙漠中穿行时他们不会顾及这些。即使在后者情况下，他衣衫褴褛、蓬头垢面，其族类仍然是阿拉伯人。如果存在能反映一个族类或阶层美学美感的理想样本，那么自然主义者会从样本中获得愉悦。当希腊人找到了典型的运动员形象，就将其雕刻在大理石上，并奉为神。

第七章
内容和形式的完美统一

本章主要讨论艺术发展历史，阐述不同历史时期和不同民族具有的不同艺术内容和形式。埃及艺术是独特的，中国和日本的艺术亦是如此。古典艺术是一回事，浪漫艺术是另一回事，从某些方面来说两者均与当今的艺术有所不同。当艺术自由发展时，艺术是一个民族思想和情感的内在表达。一旦艺术不再是这种表达，在表达生命内涵方面，内容和形式将失去均衡。一件迟来的或外来的艺术作品说明，拉斐尔时代的圣母玛利亚塑像仅适合早先的时代，不大可能适合当今时代。因此，尝试依赖其他时期的艺术来培养孩子的审美天性，通常会失败。让孩子接纳不同于其长辈所秉持的意识，现实中不大可能。当任何时期的艺术都是一个民族日常思想和情感的表达时，这种艺术对这个民族的后代最具影响力，而不是其他方面。浪漫艺术和古典艺术存在一定的历史关联，只有学生拥有一定的认知基础（即在中学时期），它们才能被呈现。另外，它们还与相关时期的历史研究存在联系。

在这一点上无疑应做出一定让步——当特定时期的艺术表达思想和感觉是长久持续的而非对人类短暂的兴趣，然后这种艺术可对特定阶段的人文体验进行适当表达，那么这种艺术会始终保持，并在合适场景下进行传承。可以在悲剧中找到这样的例子，这在历史上仅仅繁荣过两次，一次出现在雅典，持续约70年，一次出现在英国和法国，持续时间约150年。人生中出现悲剧的因素很普遍，每个年龄段的年轻人都会深深地感受到。哈姆雷特和麦克白始终能扰动人们内心深处的情绪，而且始终具有这样的能力。

现在可以思考形式和内容关系的一些现实方面：

一、无内容的形式

上文阐述的"死鱼"能够说明这一点。艺术家过度关注表达方式，以至于所表达的事物被削弱或者几乎被忽略。钢琴演奏者沉迷于表演技巧，却令自己的演奏脱离灵魂，其最终的演奏缺少了思想和情感上的东西。他把音乐最终变成了灵动指法的展示，这个艺术家使自己成为演奏机器的对手。绘画和雕塑类似于摄影，两种艺术均可记录衣着、脸上的皱纹以及瞬间的表情，但是缺少对真实人物的展示。因此，萧伯纳讲到，一些艺术家费尽心思为他创作雕像，但没有做更多的工作，只是充分展示了他的衣着和公认的特征。他还表示，直到罗丹亲自雕塑自己的半身像，他的实际性格才被展示出来。这似乎让萧伯纳喜忧参半，对这位艺术家的赞赏缓和了赤裸裸地展示他真实自我带来的沮丧。

二、内容不充分的形式

曾经有一位艺术家在画一座老木桥，一个来自乡下的旁观者责备他在浪费时间，说河流下游半英里处就建有一座新的铁桥，新桥才值得绘画。艺术家回以微笑并继续他的创作。在这座老木桥上，画家看到了农夫所看不到的东西——它的过去以及与之相关的生活。人们世世代代用着它。村子过去的生活与这座桥紧密相关——孩子们借着桥的支撑来捉鱼，恋人们依偎在和谐的栏杆上，试图探听蕴藏在平静深处的、等待着他们的未来。陈旧木桥存在的意义要比新铁桥多得多，尽管新桥比例完美或被粉刷一新。

有诗意的思想需要合适的诗歌表现。如果存在一种轻快、稀奇的观念，诗句必须要适应它。如果用十四行诗的形式，帕克的演讲听起来不会太好，因为它们需要像精灵一样迅速、缥缈、洒脱地表达出来。

哲理或深邃的思想不能从韵律表达中有所获得，无论韵律或节拍是多么完美。对于一些人来说，勃朗宁的很多诗句都如《纯粹理性批判》一样很难读懂，那么这样的人希望从诗句中获得怎样的审美愉悦呢？

无论一位艺术家的理想多么深刻，但如果表达不充分，这些理想也会相当臃肿。即使对艺术家来说他的努力可称为神圣之美，但雕塑脸上的油灰也会给观看者相应的印象。他的作品需要阐释，比如命名为《横渡红海的以色列人》的水彩画，有人问："以色列人在哪儿？""哦，他们已经走了。""那埃及人在哪儿？""哦，他们也走了！"

三、材料不适合

人们通常认为，材料不会支配形式，反过来形式应该根据材料构建，不会因为质量不搭配而限制材料的使用。木制的表链可能很新奇，但很显然木材不适合此目的，因为木质不牢固且不轻便。或许会从柏林博物馆见到乳白色家具，或许会在哥本哈根罗森堡城堡中发现银扶手和银前腿的座椅。人们曾经将人皮用作皮革，将头盖骨用作酒器；用头发制作手链和花束，用瓷器装饰房间；会看到在哥伦比亚博览会矗立的女演员亚达·雷翰的银质塑像，也会看到涂着黄油的人或动物形象；孩子们用雪堆造城堡和雪人，而大人用啤酒瓶修建房子；等等。在极大程度上，这些是奇怪的作品，不要用一般的视角去看待它们。

四、模仿

事物有合理或不合理之分，但通常很难区分，因为起初在审美上坏的事物可随时转换为美好、可贵的事物。在殖民时代的建筑设计中，希腊风格的圆柱和壁柱一直采用大理岩或其他岩石制造，但也会用木头仿制。熟悉这些建筑会增加人们对其的接受度，在一些令人们钦佩的项目中，已经进行了重要改变，从而适应了所用材料的特性。如今，人们开始采用预制混凝土砌块代替石块，甚至模仿石块的粗面。从艺术角度，使用这种模仿石料建造的建筑已经是一种可悲的失败，因为除了建筑规模大以外，砌块始终如一的尺寸使得建筑看上去像儿童建造的木屋。模仿造成的丑陋会令建筑的艺术性降低。然而，当人类将混凝土用作符合要求的材料而非模仿石头，伟大之美会以各种形式显现。佛罗里达州的圣奥古斯丁大街上，庞塞德莱昂酒店采用混凝土建筑，被视为世界最美丽的建筑之一，建造建筑"形式"所用的支架，其标识在所有外墙上可见。最初，建筑师在窗口布置上模仿木材和砖块（例如在单体结构上使用），但是艺术效果不佳；当建筑师按照新材料的性质进行设计和建造时，许多美丽建筑应运而生。例如，在佛罗里达州的迈阿密，混凝土材料被广泛使用，混凝土的艺术性使用获得了迅速发展。宾夕法尼亚州铁路纽约城新车站采用混凝土建造，除了美丽，目睹者更多被车站的宏伟所震撼。

赛璐珞最初只是象牙和亚麻制品的拙劣替代品，后来才不断发展出了自己的合理用途。玻璃、泥浆以及廉价石料可模仿金刚石，但会引起明眼人的厌恶。一些人希望能以低廉的价格获得外观精美的家具——在廉价的木材上覆盖一层精细、耐用的木材镶饰薄层是他们最常用的策略。

此镶饰外层所承载的美学价值或许会遭到质疑。为什么会反对呢？它没有欺骗任何人，因为表面纹理与实际木料不一致，这纹理经常展现似乎纵向使用木头的界面，最终导致抽屉前部较为薄弱，用力一推就能从中间折断。木质纹理的美丽怎么会变得如此表面呢？人们看到的永远是表面。如果表面能赏心悦目，为什么还要关心内部到底是怎样的呢？

此外，红木较为稀缺、昂贵。为什么原本可将红木切割成十六块镶饰，让更多的人享有它，却要将它为一个人制成实木家具呢？一些家具因为实现更高级的使用目的而造成浪费，这不应该受到道德的谴责吗？当我们讨论装饰有镀银餐具的餐桌或讨论在箱子外层贴一层金时，同样的疑问也会出现。质量优异的镀银汤匙能使用五十年，那么，为什么有人反对？汤匙可较为容易地重新镀银使之变得崭新，因此它可以使用得更长久。的确，用实银制作刀具对切割本身没有太多好处，下层的钢才是保持强度和提高锋利所必要的。

然而，尽管表面饰层的保护作用以及类似的功能似乎有必要，但心理上是不能信服的。这种物品不能算是真品，许多情况下，这些物品在一定程度上是在伪装、欺诈。胶合板似乎尤其如此。我们可以这样说，单纯的模仿一旦被发现，在美学上都是令人讨厌的。如果能有效防水，那么任何新形式的屋顶都可用，但不应模仿其他屋顶材质，例如瓷砖、木瓦或岩板。与其说这是设计一种新型材料，不如说是一种明显欺骗，后者是人们所反对的。石棉瓦制作屋顶比柏木瓦更合适，应该坚持其优点，而不要在表面上模仿其他材料。因为人们在品位上存在保守，所以有必要经历一段教育过渡期。新式的钢制车厢经常在内部喷涂油漆模仿红木和紫檀，但如果采用战舰灰的颜色，乘客在心理上会产生烦扰，因为他们已经习惯原来的颜色，车厢会看起来"冰冷"、令人难以接近。坦白地说，钢结构也是如此，任何模仿都会让人反感。

如果不能采用大理岩雕塑石像，我们会愿意采用熟石膏吗？或许吧。这两种材料所具有的表面效果不具可比性。大理岩质软但光亮、柔美、明暗协调；同时，大理岩纯净、反光效果好。熟石膏却截然相反，它呈粉状、暗淡、没有勃勃生气。无论是喷涂还是喷漆，效果都不会提升太多。那么，为什么要忍受它呢？答案很简单，即使其明暗度和光洁度不能满足视觉要求，但它能良好、准确地塑造外形。

一些新物质，如铝、油毡、石棉等，最初都用作模仿其他材料，很快它们就因其固有品质，不断取得优势，它们能让丑陋的物品变得美观。例如，比较铝炊具与生铁炊具，铝制器皿轻便、洁净、颜色亮丽且经久耐用，而其他器皿除了耐用外则没有这些优点。

第八章
培养审美观的建议

一、心态

　　人们认为，在创作艺术作品之前，艺术家心中一定存有艺术思想和情感，艺术家需要通过感官手段实现艺术内容。人们可能会问，艺术家的心境对这种艺术表达有什么必要性呢？答案是内容必须融入令艺术家愉悦的形式中。我们可能要走很远的路才能完整解释产生此种满足感的心理原因，然而一些原因是很容易想到的。不仅是在单纯的个体层面，也是在社会层面，每一件艺术创作都是自我的扩展和实现。济慈认为"美的事物永远是一种快乐"，但我们会问："谁的快乐?"所有的欣赏者以及创作者？在创作自己的雕塑之后很长时间，菲狄亚斯会对其作品感到震撼，但随后所有的欣赏者也会为其作品感到震撼。

席勒认为创作者和欣赏者的这种愉悦是一种演绎冲动的表达。进行演绎的艺术家将其思想铭刻入大理石、语言或音调之中。他们由此感受到的快乐是源于其作品的自发产物，就像玩耍的孩童会因为快乐而发出欢笑声。此理论或许也存在问题，但对于期望让孩子的审美生活全面提升的教师来说，仍然具有参考价值。与演绎一样，艺术创作认为自身应脱离经济因素，纵然艺术家希望能卖出自己的作品，但销售实际上是次要的。一个真正的艺术家，会全力表达其思想，而非充实其身体。这种创作就像演奏，寻求真理和现实的思想表述，形成艺术作品的艺术背景。斧头和阿波罗塑像也同样是这样。心理上，艺术生产与演奏类似，它的目的是即刻的而非遥远的。辛劳的目的不在于辛劳，而在于辛劳产生的结果——劳动创造的舒适生活，但演奏的目的就是演奏本身。随着演奏的进行，演奏的目的正在实现；当演奏结束时，演奏的目的彻底实现。艺术劳动也是如此，随着自身的实现不断产生乐趣；当艺术劳动结束之时，也完成了"艺术演奏"并获得愉悦。此后，艺术家获得的审美愉悦并非人们生产出的，而是因为人们欣赏它。

通过这些探讨，其结论是，艺术教育是创造愉悦的劳动，而非产生痛苦的劳动。年轻工人通过其喜欢的工作获得激励，不用因为枯燥、费力的工作而消沉，不应强迫而为之。歌唱时，应该发自内心；绘画或雕塑时，应将全部身心融入创作对象中。

在欣赏已经完成的作品时，应尽可能保持这种心态。至少在一定程度上，个体应该感受到与创作相伴而生的艺术满足感。在找到情感和人生观诗意化表达的同时，还应感受到灵魂的升华。或许之前仅是依稀感受到，但尚未充分表达。

我们是否需要研究艺术作品的含义？毫无疑问是需要的，但我们不应该把这样的研究当成苦差事或使其偏离美丽的感官表达。对于诗歌或绘画，我们是否应沉醉于其所表达的美丽？这是可以肯定的，但不排除将生命和意义向其他沉闷或无趣的形式转化会存在某些意义。

据说，无知的传道人有时会摇晃着身体并大喊"哦哦哦"让无知会众进入狂热状态，表现出近乎病态的哀婉、恐怖或希望。惊叹的美学不会好于惊叹的宗教，两者均缺乏有意义的内容。的确，惊叹美学是相当糟糕的，因为宗教的喊叫可以被视为一种器乐用以表达感情，但不能产生启迪作用。多数艺术具有具体的内容，其内容基本可通过语言来创作和加工。

因此，在创造美或欣赏美时，不会产生痛苦，反而会获得丰富、全面、持久的愉悦。

二、关于自然

欣赏自然的首要基本思想是自然的意义。自然的意义存在两种主要形式：

（1）有机对象的功能。例如花朵、动植物结构、生长方式等。

（2）自然力作用的意义。例如水流下落；冰雪的形成；岩石、山丘和山脉的风化；波浪、雪崩、火山、地震等现象。

当然，需要在自然研究和科学研究领域内获得这种洞察力。一旦了解水的循环和形态，会更好地培养学生对自然壮观景象美学价值的初步欣赏能力——云的形态和运动、降雨、溪流和河流、瀑布、水系的分布以及冰雪的结晶。另外，凭借其初步欣赏能力，学生可欣赏与自然景观有关的文学和绘画作品。

第二个基本思想如下：

（1）形式适应功能（之前的章节已经讨论过）。当然，包括规律性、对称性、和谐、多样化中的统一、比例等。

（2）颜色。自然中的颜色值得研究，颜色蕴含最直接的愉悦，另外，艺术中颜色的运用会产生一定的神态，特别是在内部装饰或衣物颜色协调上。两类事物需要特别观察：（a）明亮、醒目的颜色需要柔和色彩的衬托，耀眼的颜色不能持续显现，仅需要定期或短暂展示；（b）暗淡的背景颜色会变化，比如风、季节、光的亮度。

讨论颜色背景问题，我们会发现背景随季节变化。早春新鲜、细嫩的蔬菜与夏季翠绿的蔬菜植物进行对比，与秋天的褐色、赤褐色、红色、黄色进行对比，最后与冬天暗淡树林的颜色进行对比。我们的视觉欣赏能力不断被培养出来，会在不同阶段发现不同的乐趣，除了在最后的冬季，多数人对此不太敏感，或许，白色的感官程度会轻微降低我们对景观颜色的和谐感。此外，我们注意到任何季节的背景颜色都会发生变化。这不是一片变化的绿块，对于已经具有审美能力的眼睛，它可以展示各种各样的美丽景象。风在每个方向摇动树枝，吹动每片树叶，犹如玻璃镜从全新的或不同表面反射光影。当清风扫过谷地，映入眼帘的是颜色光晕的波浪。即便修剪整齐的草坪，尽管颜色是单一的，也会因为光照的变化而变化，比如早午晚会变化，又如夏季云朵将阴影投射在草坪上。与耀眼、瞬间的高光相比，尽管大自然的背景颜色较为柔和，但除了具有无穷变化的魅力外，大自然的背景颜色还拥有艺术无法匹敌的纯粹色彩。这些事实证明了直接感受颜色的优势，此外，如果人们对大自然壮丽的美无动于衷，这是一种可悲的损失。

我们知道花开时色彩绚丽的生物学目的，但其中的美学意义是什么？明显地，美丽的色彩需要柔和的背景。一件鲜红的衣物，像一簇鲜艳的鲜花，可作为一件装饰物，但需要绿色景观的衬托，如果将其置于一个封闭的空间中则不会赏心悦目。即使在节日场合或为了短暂的炫耀，衣物可能展示出优雅的品位，就像光束投射暴风雨前的乌云，但如果一直保持不变，会给人造成不适的感觉，同样对动物也会产生类似效果。类似地，如果一个房间墙壁的颜色太过突出，房间内的其他事物就会显得暗淡，这样的装饰令人不适，因为这会造成神经过度兴奋。与田野和森林一样，房屋的颜色应较为柔和，可纯粹亦可丰富。作为背景可衬托图片、框架、模型及其他装饰物，使其优点更加突出。同样的原则也适用于服饰。房间过度花哨，会降低其内在美和舒适性，这种关系犹如草坪上的花丛。服饰如人，应具有个性，即差别性、变化性和统一性。装束可具有装饰，但不能退化成房间或景观的装饰。

艺术教师知道如何教儿童和成人来区分、混合和均衡颜色，甚至小学生也会在景观表述上或多或少地创作出自然颜色效果，他们会对颜色进行设计。教师了解彩色和谐及差别，了解色调、色值、色度、亮度、纯度、阴影等。这些教育工作开始于幼儿园时期，但存在一定缺陷，之后学生需要获得并运用关于自然的初步审美能力。

三、关于实用艺术

此部分讨论创作和欣赏，以及两者之间的相互关系。欣赏总是通过构造方面的努力不断增强和完善。后者的问题涉及整体适宜性、各部分的功能和相应形式以及各部分之间的关系。手工及机械制图非常重要，因为对于年轻艺术家来说，图纸具有可塑造性，在假定具体形状（将其应用在固体材料上）之前，设计可随时变化。

欣赏能力不仅可以通过构造方面的努力不断完善，还可以通过对物品的比较、布置及调整加以补充，这些物品，例如房间家具，墙壁图片，厨房和餐厅的用具，餐厅及其他桌子用的碗碟、银制品、亚麻布，浴室和房间的其他用品。不仅可以分别审视这些物品，而且还应在实际或想象使用中发现其合理关系。较大的学校应配备这些物品和场所。学生有机会采用这些物品和场所进行试验，尝试观察事物具有的或表现出来的第一效果。教师的评论具有促进作用，最后可使用小型照相机永久记录所完成事物。特殊情况下，可对品位较高的作品进行公开展览，当学校物资供应不足时，可通过借鉴国内其他学校或商店的物品加以补充。

当附近资源已经充分利用，可采用图片展示进行弥补。打开一两本近期的杂志，许多有意义的图片会展现以下事物：浇花的女子；制作饼干的女仆；更加动人的擦拭玻璃的另一位女仆；制作肉汤的女仆；一间浴室；放置炉灶、橱柜和水槽的厨房一侧；洗衣房的洗盆；布置餐桌忙碌却沉默的女服务生；教会式风格的家具；餐桌上新的电器；安乐椅上的男人；工艺房；蜡烛的阴影；打扮优雅的小姐，手抚秀发，似乎正在聆听什么，她非常漂亮；喝下午茶用的餐桌，旁边放着座椅和其他附件；工作中的洗衣机；客厅场景；无须讨论其服饰的女孩；汤匙；牛肉烤架、附件以及纸袋；真空吸尘器；铝器；灯罩；雕花玻璃；为按摩霜做广告的带狮子狗的漂亮少女；美观的剧装；餐桌边喜悦的老人；钢琴边服饰华丽的少女；同样服饰讲究的小伙子们，正在思量衣服；多辆汽车；戴宽檐帽的女孩，帽子装饰鸡毛，犹如米诺尔印度人样式；杀人于瞬间的自动手枪；煮皂锅的"精灵"；无孔短袜；书橱；特等车厢吃午餐的男人；为一场胜利而欣喜的家庭；图书；发动机；床垫；眼镜；小型照相机；等等。

所有这些人物和事物都出现在广告中。杂志中展示了源自日常生活的诸多艺术作品，其中表现了不同场景中人物的神态和举止。有些艺术是野蛮的，有些是低劣的，但多数都是好的。这也是一种艺术，人们愿意为其有所付出。据说，一位芝加哥艺术家因创作漫画而获得三万美元的年薪。这种说明材料很多，或许可满足一定要求。

然而，年轻人应认真并妥善做好职业准备，不管他们是否适合某一工厂、商店或领域，他们应该拥有其审美的一面，因为获得了审美观的人才拥有了获得乐趣的最纯粹来源，无关乎金钱和价格。

四、诗歌作为美的表达方式

精选出好的诗歌是获得审美观的最好方式之一，这不仅应该被了解诗歌的人所认可，而且经过思考后几乎是不言而喻的——因为这就是诗歌内在的东西—— 一种审美观。诗歌取材于人类的真实经验，并通过感官形式表现它，通过眼睛、耳朵和想象而直击心灵。诗歌重视节奏、韵律、押韵、修辞以及自然颜色、形式和动作，犹如心灵中放置的镜子，可折射所思考、感受和想象的东西或引发思考、感受和想象。其音乐天赋体现在意识舞台上的每一种情感上——丰富的想象、爱国的精神、狂热的爱、有关生死的感情。扰动年轻思想和情感深处所缺少的东西是什么？洞悉美丽世界的极好工具是什么？

诗歌拥有所有这些优点，但一直仅为少数人所接纳。女孩更容易喜欢诗歌，男孩一般对其不敏感；青少年更容易接纳诗歌，尤其是开始恋爱之时，但大多会很快忘掉、忽略甚至怪罪。他们可能会把诗歌按照品位、轻浮、多愁善感及精神脆弱分类。还有一些人像对待大多数艺术一样，在理论上尊重诗歌，但并不能为其所打动。一位经济学者认为，《西斯廷圣母》一直让他对贫困和悲惨进行思考，因为作品中所描述的赤裸双脚向他传达了很多含义。如果让他读莎士比亚的作品，他会睡着——除了造成不适，诗歌绝对不会引起他的任何反应。他希望自己不要这样，但很遗憾，事实就是这样。

在这种情况下，英国文学教师应首先发现并克服此种困难。或许外行人不能给出有意义的建议，但也有少数人可以大胆尝试。

1．诗歌与韵文

首先，对于青少年来说，我们是否应该区别诗歌和韵文？韵文通常被称为温柔的诗，包含甜言蜜语，但缺少实质内容，它将健康、自然的情绪转化为多愁善感，而且矫揉造作。韵文常使用下列形容词，如甜蜜、温柔、柔和、悲伤、软弱、沉闷，它热衷于表现浪漫或不现实的场景，做作且愚蠢。韵文经常引用大量典故，从而丰富内容，但只能让读者更加反感。文雅的骑士在平原上冲刺；失恋的少女对着月亮祈祷；泪珠晶莹剔透，如穿线的珠子滑落等。对现实感兴趣的思想健康的年轻人会抵制这里所嘲笑的韵文。

2．心理顺序

我们是否应该防止诗句中出现纯粹心理顺序，即一件事物暗示下一件事物，甚至再下一件事物，直至作者和读者都精疲力竭？对于作者，为创作押韵获取所谓的"重大工具"相对容易。心理顺序，犹如老人的唠叨，依赖于相同的音调，从不考虑感知。这样的作者在行结尾使用了"Years"，那么我们可以确定下一行的结尾会用"Tears"，这不是因为需要哭泣什么，不是因为作者要哭泣，也不是因为他想让读者哭泣，只是因为"Tears"能与"Years"押韵，而其他单词如"Beers""Biers""Gears""Smears"等类似的词不能与"Years"押韵。所以这里必须使用"Tears"，这样泪腺将被吸干。蒲柏的《批评论》存在大量的上述实例，比如"The cooling western breeze"与"Whispers through the trees"押韵。这种不合宜的催泪桥段甚至不如矫揉造作之词吸引年轻人。

英国诗歌的形式较为灵活，如果作品能传达艺术整体必需的统一性，应选择一些此类诗歌。一位现代作家坦言他没有通读基特的《牧童》，但他会将诗集随身携带，并沉浸在诗中的田园之梦中！不考虑诗歌的优点，《牧童》是普通的，此类诗歌不适合年轻人。幻想不适合年轻人，首先因为他们不关心诗歌，其次在此阶段，幻想对他们来说是不健康的。

3. 太多自由

英文诗似乎有一个普遍规律——诗行必须押韵。如果要押韵，韵脚必须真实不能虚假。诗句存在多行，每行的韵脚由诗人确定。韵脚可能通篇统一，不同的行也可能不同，唯一的要求是不能因为没有韵律使读者拗口。

十四行诗最初为意大利人所提出，但也在英国流传了三百余年，这是一种老式诗歌形式，其中除了我们之前讨论的限制，还存在其他要求。十四行诗必须采用十四个抑扬五音步诗行，并分为两个四行诗和最后六行。意大利人经常采用的押韵方式为：四行诗存在两个韵脚，如ａｂｂａａｂｂａ，而最后六行有三个韵脚，即ｃｄｅｃｄｅ。但是，莎士比亚等众多英语作家没有遵从意大利人的押韵方式，以任意顺序变换韵脚，一般采用ａｂｂａａｂｂａ—ｃｄｃｄｅｅ的形式。一些诗歌采用交替韵脚，保留最后两行。当然也存在其他押韵形式。由于十四行诗的紧凑度、展开的逻辑顺序以及严谨的结构，十四行诗很难阅读，更难创作。已经创作出的几千首十四行诗，很少有扣人心弦，令人印象深刻或宏伟美丽的，每个人都有自己的偏好。在这些作品中，作者最喜欢爱丽斯·梅内尔的《背弃》、大卫·格雷的《阴影之中》、克里斯蒂娜·罗塞蒂的《回忆》以及华兹华斯的《人类有负世界之恩》（第一首四行诗）。[①]

年轻人研究英国诗歌[②]，特别是试图研究诗歌写作，就像在大海中失去罗盘的海员。如果存在适合表达他们的思想类型，他们所能做的就是模仿。

然而，十九世纪早期，英国人从法国引入一些诗歌形式并本土化，最近三十年没有广泛流传。法国人在十二和十三世

[①] 梅纳德，英国经典系类，第192号。梅纳德，梅里尔公司，纽约。

[②] 见伯顿·史蒂文森的《诗集汇编》，共3742页，收藏许多短诗。亨利·霍尔特公司，纽约。

纪从民谣中借鉴，当时这种诗歌形式正处于流行和完美的鼎盛时期。[1]

无论考虑其质量还是其使用范围，这些诗歌都具有很强的教学适用优势，诗歌的韵脚和诗行的数量具有很强的明确性。另外，这些诗歌篇幅很短，多数只有两个韵脚，几乎都有叠句，叠句结构和长度按规则确定，且诗行数量也绝对固定。没有人听说过不包含八行的八行两韵诗。如果诗歌不包括八行，则此诗歌不能称为八行两韵诗。

4．新诗歌形式

作家通过自己的诗歌来解释每种新诗歌形式，不是因为这些诗歌形式具有优点，而是为了鼓励教师和学生尝试新事物。没有人去区分诗歌作者与诗人，我们现在或许一直不能获得创作诗歌的能力，但这并不是我们不能以新的、绝妙的方式运用文字的理由。作者曾航行在比斯开湾并深刻体会这些诗歌，同时努力使开阔、易逝的思想和情绪契合已经准备好的形式框架，在此之前，作者从未获得如此乐趣。

无论如何，教师或学生尝试创作此类诗歌，都会受到条

---

[1]　详见格里森·怀特的《民谣和回旋诗》。沃尔特·司各特，伦敦。

件的限制，其有关诗句的知识和欣赏不能通过研究而提高。此外，无论成功与否，尝试遵守确定的规则将获得对诗歌技术的洞察，通过其他方式则不易获得。现在我们对这些诗歌形式进行简要的介绍和解释。

（1）三节联韵诗

三节联韵诗或许不同于其母体形式。它包含三节（每节八行）以及一个结尾诗节（四行）。每节以及结尾诗节的最后一行为叠句。三节联韵诗包括双叠句，第一个叠句为每节的第四行，第二个叠句在每节的结尾，结尾诗节的最后两行也为叠句。

三节联韵诗的变体包含三个小节（每节十行）和结尾诗节（五行），其规程如下：①第一节的韵脚顺序必须在其余小节重复；②用作韵脚的词不能重复用作韵脚；③每小节及结尾诗节必须靠近叠句。对于每节包含八行的三节联韵诗，可存在三个韵脚。押韵的顺序如下：小节内——ａｂａｂｂｃｂｃ；结尾诗节——ｂｃｂｃ。叠句的义项必须能掌控并表达整个诗歌的主旨和精神，为诗歌左右章节所表达的灵魂。

结尾诗节一般为向王子或权贵祈祷或献辞，但如今一般作为全诗的总结。包含十行的三节联韵诗在格里森·怀特的诗集中有所收藏，其中包含丰富的解释。

以下三节联韵诗存在两个叠句，奥斯汀·多布森在《散文与韵脚》中有所介绍。

PLAY AND WORK

(Ballade — Double refrain)

When as boys we sigh though the sun is glowing,

And the school drags on with the clock's delay,

And the muscles twitch with the pains of growing,

Then it's hip! hurrah! we are off for play.

But though squirrel scold or fox-hound bay,

Be we white or black or Christian or Turk,

When the school-bell rings, with its tinkle gay,

Then it's come, lads, come, let's bend to the work.

When as youths we list to the cry, "It's snowing!"

And our lore-fed minds would their pains allay,

And the thought of home is the sum of our knowing,

Then it's hip! hurrah! we are off for play.

But when sports are done and the cost's to pay,

When action allures though its tasks may irk,

And our zeal comes back as the tide to the bay,

Then it's come, lads, come, let's bend to the work.

When as men we long for the breeze that's blowing,

For the thrush's song or the salt sea spray,

As a balm for strife and a rest from sowing,

Then it's hip! hurrah! we are off for play.

But though yacht entice with its sails of gray,

Or the mountain trout in the pool still lurk,

When the far call comes that we must obey,

Then it's come, lads, come, let's bend to the work.

ENVOY

Our respite from toil shall come when it may,

Then it's hip! hurrah ! we are off for play;

But duties of life the brave never shirk,

Then it's come, lads, come, let's bend to the work.

参考译文：

游戏和工作

（三节联韵诗，包含双叠句）

太阳快要落下了，孩子们叹息。

学校的课堂还在拖延。

身上肌肉抽搐了，内心痛苦聚集。

屁股！在呐喊！我们要出去玩。

纵然松鼠在责骂，狐狸在吠唤，

不管是黑人还是白人，不管是基督教徒抑或土耳其人啊，

下课铃声那么的清脆、愉欢。

下课铃响了，让我们出去大干一场吧。

当孩子们听见有人喊："外边在下雪！"

充满知识的大脑中像注入痛苦冰水满满。

想家是我意识的全解。

屁股！在呐喊！我们要出去玩。

当运动过后，需要代价偿还。

尽管工作任务令人苦恼，行动依然让人心痒如麻。

我们的热情会重燃，就像海滩潮水再次泛滥。

下课铃响了，让我们出去大干一场吧。

我们期待迎风拂面。

期待斑鸫的歌声和大海的呼唤。

就像争斗中获取战利品，从耕种中获取甘甜。

屁股！在呐喊！我们要出去玩。

纵然游艇在引诱，扬起那灰色风帆。

池中的鲑鱼不停游动交杂，

一旦召唤到来，我们必须如愿。

下课铃响了，让我们出去大干一场吧。

（结尾诗节）

辛苦的劳作需要小憩。

屁股！还是在呐喊！我们要出去玩啊。

但职责所在让勇者不会退还。

下课铃响了，让我们出去大干一场吧。

（2）回旋诗

回旋诗最流行的形式为"车行回旋诗"。全诗存在两个韵脚，十三行押韵，两行不押韵。每行由八个音节组成，叠句一般包含第一行的前半部分。十三行分为三个小节，第一小节和第三小节包含五行，第二小节包含三行。叠句出现在第二小节的结尾以及整个诗的结尾。韵脚的顺序一般为：ａａｂｂａ—ａａｂ（和叠句）—ａａｂｂａ叠句。叠句不属于十三行内。叠句作为诗节的必要组成部分，回旋诗的整洁性和难度就在于此，这类似于祷告结束时必须口称"阿门"。一般回旋诗适合于表现愉悦自发的情绪，但也可表现压抑肃穆的情绪。整首诗必须自成一体，保持完整。示例如下：

MY OPALS

(Rondeau)

In fitful gleams, not false but true,

My opals shift their tints of blue,

And fan their reds to mimic fire,

Whose flames leap out and then retire,

As glints of green their lights renew;

But restless still, there comes to view

The deep, the bright, celestial hue;

Tis thus these gems their truth attire

In fitful gleams.

I fain would think — ah! if you knew —

From those who gave comes good in you,

These fairy beams that I admire,

That flash and glow and then expire,

Are constant still, though ever due

In fitful gleams.

参考译文：

我的猫眼石

（回旋诗）

猫眼石闪闪发光，真真焕焕。

她们泛着蓝光，晶莹流转。

红色渐成火苗。

火苗跳动，然后渐消。

绿色的荧光再次重现；

过来凝看，

那明亮、深邃、神圣的色艳；

这些宝石才是真正的修饰奥妙，

她们闪闪发光。

我会想到——啊！如果你也知悉——

赠予你宝石的人一定钟情于你。

这些晶莹的光线让我欢笑。

她们发光、闪烁，然后缥缈。

如此始终旖旎，

她们闪闪发光。

（3）十四行回旋诗

十四行回旋诗是一种老式回旋诗。十四行回旋诗形式各
有不同，但广为接受的形式为两韵十四行诗，诗的前两行为
叠句在小节结尾重复，第一小节包含八行，第二小节包含六
行。此种形式的诗歌非常适合于精神表达，诗歌的成功在于前
两行的叠句。以下为一个实例：

I LOVE TO SAIL

(Rondel)

I love to sail on Biscayne Bay

Across the white-caps running free,

To taste the salt of flying spray,

And feel the sunshine over me;

From time's gray brood of cares I flee,

And then it is that in my play

I love to sail on Biscayne Bay

Across the white-caps running free.

Yes, o'er the brine I onward sway,

Till years and griefs are lost at sea,

And things that were are things that be;

Is it not plain why I should say,

I love to sail on Biscayne Bay

Across the white-caps running free?

参考译文：

我喜欢航行

（十四行回旋诗）

我喜欢航行在比斯开湾，

　　自由穿过岬角。

　习惯海风弥漫的咸味，

　　喜欢感受阳光映照，

　　灰色的海鸟飞过，

这就是我在航程中要感受的。

　我喜欢航行在比斯开湾，

　　自由穿过岬角。

　　是的，我要在海面前行。

　　直至哀情消散。

过去的事情就让它过去，

　这就这么平淡惬意——

　我喜欢航行在比斯开湾，

　　自由穿过岬角？

（4）英式回旋诗

英式回旋诗为回旋诗的一种变种，但形式有所不同。此种诗歌形式包含三节（每节三行），第一行为叠句，并在第一节和第三节结尾重复，但可采用两个韵脚。韵脚顺序如下：ａｂａ（和叠句）—ｂａｂ—ａｂａ和叠句。除了八行两韵诗外，此种诗歌是初学者最容易掌握的诗歌。如果能合适地选择前四个音节，诗歌即可自然而然地创作出来。两个实例如下：

IN TENDER GRIEF

(Roundel)

In tender grief we think of her who died

These many years a-gone; her life, though brief,

Was filled with love; we now the time abide

In tender grief.

"Icb liebe dicb" a sigh, and then relief;

How could she find the way across the tide

That stretches endlessly beyond the reef?

The years have flown; we work and play, yet hide

Deep in our hearts our fondly treasured sheaf

Of memories, and live through days that glide

In tender grief.

SLEEP, SWEETHEART, SLEEP

(Roundel)

Sleep, sweetheart, sleep; the sun's low down the west,

Across the lawn the drowsy shadows creep,

So in your crib like bird in downy nest,

Sleep, sweetheart, sleep.

Your pussie lies in slumber soft and deep,

The fluffy chicks have snuggled down to rest;

Lie still, dear one, nor through your eyelids peep.

Awake? Then lay your head upon my breast,

I'll rock, and sing your lullaby, and keep

You safe; then in my arms thus closely pressed,

Sleep, sweetheart, sleep,

参考译文：

淡淡的忧伤

（英式回旋诗）

想到她的逝去，

多年已去，内心仍泛起淡淡的悲伤；她尽管生命短暂。

但充满了爱；此时我只能一人承受孤郁。

内心泛起淡淡的悲伤。

一声叹息，释然惨淡；

她如何穿越汹涌的水域，

她如何躲避无尽的暗岩？

岁月如梭；我们忙忙踽踽，

将我们最珍爱的东西藏涵，

包括我们在一起的所有际遇，

内心泛起淡淡的悲伤。

睡吧，宝贝，睡吧

（英式回旋诗）

睡吧，宝贝，睡吧；太阳已经西落。

沉寂昏暗不断蔓长。

回到你的温暖的小屋，就像鸟儿回到柔软的巢窝。

睡吧，宝贝，睡吧。

你柔软的躯体慵懒地卧躺。

像毛茸茸的雏鸡依偎在一起，共同憩卧；

亲爱的，静静地躺着，微闭眼睑不再张望。

醒了吗？你将头枕在我的胸窝。

我轻敲着节拍，唱起催眠曲让你入睡安详；

然后你枕着我的胳膊。

睡吧，宝贝，睡吧。

（5）维拉内拉诗

维拉内拉诗被怀特称为"缪斯佩戴的最迷人的宝石"。

确实如此——此种诗歌就像钻石成型一样需要不断地打磨，诗歌非常依赖叠句的使用。以下实例略带瑕疵,希望读者能给出建议。此类诗歌多采用两个韵脚。诗包含五个三行的小节以及一个四行的小节。第一节的第一行和第三行必须在其余小节中交替使用,且最后一节必须包含这两行。全诗一共十九行。怀特给出了许多实例,并指出维拉内拉诗是最受欢迎、应用最广的诗歌形式。

THE PARTING OF ROMEO AND JULIET

(Villanelle)

Ah, cruel hour when sings the lark!

But sweet to hear the nightingale;

The time is ours while holds the dark.

Juliet, farewell; for look and hark!

The rays of dawn light up the dale;

Ah, cruel hour when sings the lark!

It cannot be; for list! we mark

The unseen voice that thrills the vale;

The time is ours while holds the dark.

Sweet Juliet, no; behold ! the spark

Of day still brighter glows, though pale;

Ah, cruel hour when sings the lark!

O stay! else love is lost like bark

On stormy sea without a sail;

The time is ours while holds the dark.

But fly! I see thee pale and stark!

For day draws near, which we bewail;

Ah, cruel hour when sings the lark!

The time is ours while holds the dark.

THE SENIOR'S FAREWELL

(Villanelle)

Farewell to college joys that fly,

That in their flight still dearer grow;

Good-by, to thee, Cornell, good-by.

I love the bells that chime on high,

But now their mellow tones ring low

Farewell to college joys that fly.

The fading glows that light the sky

To me the parting signals show;

Good-by to thee, Cornell, good-by.

O days of work and play, ye lie

Entwined with all I love below;

Farewell to college joys that fly.

Good-by, dear friends, for whom I sigh,

Whose hearts are warm through ice and snow;

Good-by to thee, Cornell, good-by.

Though other scenes the world supply,

And tides of friendship ebb and flow,

Farewell to college joys that fly,

Good-by to thee, Cornell, good-by.

参考译文:

罗密欧和朱丽叶的离别

（维拉内拉诗）

啊，随着百灵鸟的鸣叫，残忍的时刻到来!

夜莺的啼鸣听起来甜美；

时间是我们的，但黑暗也会存在。

再见，朱丽叶；

黎明的光线射入溪谷；

啊，随着百灵鸟的鸣叫，残忍的时刻到来!

那是无法承受之痛!

我们发出的声音震颤溪谷；

时间是我们的，但也要面临黑暗之洞。

亲爱的朱丽叶，不；

纵然灰白，仍然发出明亮的红光；

啊，随着百灵鸟的鸣叫，残忍的时刻到来!

哦，等一下！爱情就像剥树脱皮一样失去，

像航行于粗暴的大海上却没有风帆；

时间是我们的，但也要面临黑暗。

但时间流逝！我看见你苍白、无神的脸！

随着日期临近，我更加悲痛；

啊，随着百灵鸟的鸣叫，残忍的时刻到来！

时间是我们的，但也要面临黑暗。

学长的告别

（维拉内拉诗）

再见，我快乐的大学时光，

那种情感还在增长；

再见，康奈尔，再见。

我爱高处悬挂的钟，

但曾经柔美的音调却变得低沉，

再见，我快乐的大学时光。

暗淡的光晕映照天空，

是我即将离开的信号；

再见，康奈尔，再见。

以往努力的学习和辛勤的工作，

都交织着我深深的爱；

再见，我快乐的大学时光。

再见，我的挚友，我为他们哀叹，

纵然冰天雪地，他们的心仍然火热；

再见，康奈尔，再见。

尽管外边的世界万般美好，

但我们友谊地久天长，

再见，我快乐的大学时光，

再见，康奈尔，再见。

（6）八行两韵诗

八行两韵诗仅有一节，包含两个韵脚和八行诗句，第一行和第四行采用相同的韵脚。"此诗歌形式适合讽刺短诗。诗歌的内容重点在于第五行和第六行，第三行和第四行相互关联。"一个拥有创作能力的人可通过八行两韵诗充分彰显其才思。此外，这也是鼓励尝试和奖励勤奋的重要形式。初中生应会书写八行两韵诗，并不断取得成果。

以下为八行两韵诗实例：

WHAT HOLDS THE WORLD UP?

"It is Atlas, I think,"

Said Doris to Mabel.

"He must want a drink!

It is Atlas, I think,

He won't let it sink —

To hold it he's able.

It is Atlas, I think,"

Said Doris to Mabel.

"It's not Atlas at all!"

Wee Mabel replied.

"God carries this ball;

It's not Atlas at all,

For he'd let it fall,

If ever he tried.

It's not Atlas at all,"

Wee Mabel replied.

"'Tis Nature must hold it,"

Small Winifred said.

"I've often been told it,

'Tis Nature must hold it;

But how she has rolled it,

Does puzzle my head.

'Tis Nature must hold it,"

Small Winifred said.

Harry answered the lass,

"O, it holds itself up!

The inside's of gas,"

Harry answered the lass;

"It's a big rolling mass,

And it's got to stay up!"

Harry answered the lass,

"O, it holds itself up."

THE NEW AND THE OLD

"There's nothing new under the sun,"

Except what's made and that which grows;

Then this old saw of Solomon,

"There's nothing new under the sun,"

Must be reset, and thus must run:

"New things from old," for everyone knows

There's nothing new under the sun,

Except what's made and that which grows.

参考译文:

是谁托起了世界?

我认为是阿特拉斯。

多丽丝对梅布尔说。

他一定想要喝水!

我认为是阿特拉斯,

他不想让世界沉没——

因此全力将世界托起。

我认为是阿特拉斯。

多丽丝对梅布尔说。

根本不是阿特拉斯。

梅布尔回应道。

是上帝带来地球;

根本不是阿特拉斯。

世界会沉没,

如果上帝不曾尝试。

根本不是阿特拉斯。

梅布尔回应道。

一定是自然保护了世界。

小威尼弗雷德说。

我经常听说是这样，

是自然保护了世界；

那么她是如何让这个世界滚动的呢，

这确实令我迷惑。

一定是自然保护了世界。

小威尼弗雷德说。

哈里回答少女说：

是它自己托起了自己！

它内部充满气体。

哈里回答少女说：

它是一个巨大的滚动体，

它自己能站起来！

哈里回答少女说：

哦，是它自己托起了自己。

新与旧

世界上一切皆旧，

唯独创造之物和生长之物；

贤者曾说，

世界上一切皆旧。

一切必须还原，因此也必须发展；

人人都知道推陈出新，

但世界上一切皆旧，

唯独创造之物和生长之物。

（7）循环体诗

循环体诗是上述诗歌形式的变体，此诗歌形式适合阐述存在循环规律的事件，例如水循环、时节变更等。此类诗歌与主旨思想保持和谐，通过形式表达回归其本质的思想。诗歌设置韵脚，下一个诗节的第一行与前节的结束诗行重复。因此，阅读诗歌可先从第二节或后续节开始，然后读第一节，因为思想和形式从后续诗节回归，此种形式不能中断。

循环体诗的规则如下：

①诗歌包含三个以上诗节，每节六行。

②每节存在一个韵脚，第一个韵脚在最后一节重复。

③下一节的第一行为上一节的最后一行。但最后一节的最后一行与第一节的第一行相同。

④诗歌押韵的形式如下：

（a）三个小节：a b a b a b — b c b c b c — c a c a c a。

（b）四个小节：a b a b a b — b c b c b c — c d c d c d — d a d a d a。

例证如下：

THE SPIRIT OF THE SEA

(Circle)

In fleecy clouds that drift on high

And cast their shadows on the ground,

In mists that gather as they lie

Serene and white, and landward bound

To pour their waters from the sky,

The spirit of the sea is found.

The spirit of the sea is found

Incarnate in the winds that blow

And rains that fall with muffled sound;

And when these waters homeward flow

They ply again their ceaseless round;

From sea they come, to sea they go.

From sea they come, to sea they go —

The rains descend, the floods sweep by,

While from the ocean's plane below

The vapors rise to typify

The spirit of the sea we know

In fleecy clouds that drift on high.

参考译文：

大海的精神

（循环体诗）

天空飘浮着蓬松云朵，

移动阴影投射在大地，

水雾凝聚于云朵，

然后洁白水珠落向大地，

大雨倾盆如注，

大海的精神显现出来。

大海的精神显现出来。

无形的狂风吹动有形的实体，

滂沱的雨水发出沉闷的轰鸣；

雨水在陆地上流淌至大海，

至此无休无止；

从大海而来，再回到大海。

从大海而来，再回到大海——

雨水从天空下落，洪水奔流到海洋，

然后从大海的表面上，

水蒸气再次升腾。

我们知道，这就是大海的精神，

天空依然飘浮着蓬松的云朵。

研究推荐书目

1．艺术史（建筑设计、雕塑和绘画）

雷纳克

《阿波罗》：适合各个年龄阅读的有关艺术历史的插图手册。作品内容简洁，装帧简朴，颇具学术气息。纽约斯克里布纳之子公司出版。

2．美学理论

凯特·戈登

《美学》：作品内容简洁、明了、有趣。

3．美学史

（1）伯纳德·鲍桑葵

《美学史》：英国最具学术气息的美学历史研究著作。内容较为深奥，但值得阅读参考，研究哲学的人可从此书获益颇多。麦克米伦公司出版。

（2）耐特·威廉

《美丽的哲学》（两卷）：第一卷对早期美学理论的发展历史进行了简明、通俗的介绍；第二卷探讨了美的本质，并阐述了本理论在不同美术领域的应用。作品供拓展班学生学习使用，因此语言风格颇受欢迎。内容稍有深奥，但值得阅读和研究。纽约斯克里布纳之子公司出版。

4．颜色

艾米丽·诺伊斯·范德普尔

《颜色的问题》：一本学生学习颜色的实用手册。作品的部分章节涉及色盲、色彩理论、光色品质、颜色对比和互补、色彩和谐、色彩历史、自然颜色和特殊建议。作品配有一百七十个色板。本书为研究色彩的第一部作品，赢得高度赞赏。郎曼书屋，纽约。

5．装饰艺术

请阅读约翰·拉斯金《威尼斯之石》第二卷有关"哥特风格的本质"以及工匠作坊的章节；阅读威廉·莫里斯作品关于"装饰艺术"一章有关"装饰与现代生活和发展的关系"的内容。埃利斯、怀特，伦敦。

6．服饰的发展

韦伯·威尔弗雷德·马克

《服饰的传统》：本书通过插图阐述服饰的发展历史。纽约麦克卢尔公司出版。